G000080677

A Diana, Maia y Anna, mis diosas lunares

Índice

Hola, gracias por estar aquí.

Es un honor que estas palabras lleguen hasta tus ojos.

Bienaventurados sean todos aquellos que, como tú, están en la gloriosa búsqueda de desvelar los misterios que nos rodean y nos habitan.

Preciso advertirte que no tengo verdades para darte, esas solo las puedes conquistar por ti solo. Tampoco creo poder enseñarte nada, pero sí hacerte recordar. Lo que escribo en este libro ya está en tus células, porque es saber ancestral. Te invito a que no me creas nada, a que observes por tu cuenta y saques tus propias conclusiones.

Toma lo que te sirva y deja lo que no.

Este libro se basa en investigaciones y estudios, pero especialmente en observación empírica de cómo opera la prodigiosa fuerza magnética de la Luna.

Ojalá te sirva como recordatorio de la poderosa e inquebrantable conexión que posees con la Luna, el cosmos y la naturaleza.

¿Vamos de viaje a la luna?
A todas tus lunas.

Erica

Introducción

LA LUNA, UN MISTERIO POR DESVELAR

La Luna aparece en el cielo y siempre atrae tu atención: sorpresiva, cambiante y misteriosa.

A veces es un gran disco luminoso, otras una sutil sonrisa.

Se muestra de noche, otras de día; siempre diferente y, al mismo tiempo, rítmica, cíclica.

Durante milenios, todas las civilizaciones han levantado la mirada para quedar fascinados con su exuberante luminosidad nocturna. Desde los albores de la civilización, ella fue seguida y honrada, por determinar los ciclos de la naturaleza, fundamentales para la supervivencia.

Y en milenios, la Luna no ha perdido ni el prestigio ni el misterio. Predecible y salvaje, custodia los suspiros de los enamorados, las preguntas de los curiosos, los versos de las canciones, las teorías de los locos y los estudios de los sabios.

Ella simboliza la gran madre, la gestación, las necesidades primordiales, las emociones, la intuición y el subconsciente. Y, como veremos en este libro, influye en muchos aspectos de nuestras vidas.

Representa también el elemento agua, que sube y baja a su voluntad. Adorada como una diosa y conquistada por el hombre, guarda aún muchos secretos y misterios, porque ella es el misterio: su cara oscura, su juego de luz y sombra durante el ciclo, nos recuerda que es muy poco lo que realmente sabemos del inmenso mundo que nos rodea, pero especialmente del amplio espacio interior que nos habita.

La Luna simboliza también la emoción y el instinto, ese ámbito subconsciente e inconsciente que nos gobierna y nos impulsa. Aceptar que es muy poco lo que sabemos nos confronta con el hecho de que es abismal lo que no sabemos que no sabemos. Y en todo aquello que desconocemos, hay un tremendo potencial. Aceptar que no sabemos nos permite volver a una perspectiva flexible y curiosa y nos devuelve la tierna mirada de los niños.

El universo interior y exterior es un enorme y apasionante territorio por explorar. Recordemos juntos una pequeña parte de ese gran misterio. Porque es en el misterio donde yace el gran potencial que nos habita. Y en el misterio, vive la magia.

QUÉ ES LA LUNA

«La magia es la ciencia que aún no entendemos».

Arthur C. Clarke

La palabra «luna», procede del latín y significa «luminosa» o «la que ilumina». El adjetivo protoindoeuropeo *leuksno*, «la luminosa», ya era utilizado para designar a la Luna.

Ella es el único satélite de la Tierra y, junto al Sol, hace posible la vida en nuestro planeta.

Su diámetro de 3.476 kilómetros es equivalente a la distancia de Madrid a Estocolmo, de México a Bogotá, o de Buenos Aires a Lima, y es 3,5 veces más pequeño que el de la Tierra.

Se aleja y se acerca de nosotros constantemente, debido a su órbita elíptica. Su distancia de la Tierra varía entre los 356.000 y 406.000 kilómetros, con una media de 380.000 kilómetros.

El disco solar y el disco lunar, desde la perspectiva terrestre, parecen tener la misma dimensión. Considerada una casualidad extraordinaria, la Luna es 400 veces más pequeña que el Sol y se encuentra 400 veces más cerca. Por este motivo, podemos ver a la Luna cubrir perfectamente al Sol durante los eclipses solares.

Ella nos muestra siempre la misma cara, ya que, mientras gira alrededor de la Tierra, gira sobre su propio eje y tarda exactamente el mismo tiempo en completar un giro sobre sí misma que en girar alrededor de la Tierra (otra casualidad extraordinaria). Aunque, debido a la libración lunar podemos observar a simple vista el 59 % de su superficie.

Debido a su excéntrica órbita, posee la mecánica celeste más compleja de todo el sistema solar.

Y, a diferencia de lo que comúnmente se cree, la Luna posee varios ciclos o meses, siendo el ciclo sinódico (el periodo que transcurre entre una luna nueva y la siguiente) el más conocido.

Acerca de su origen, existen tres teorías científicas.

La primera y más aceptada se conoce como la teoría del gran impacto. Según esta teoría, la Luna se formó por un impacto entre la Tierra y un planeta de las dimensiones de Marte. En la segunda teoría, se hipotetiza que fue atraída dentro del campo de la gravedad terrestre en algún momento. Mientras que la tercera sostiene que la Tierra y la Luna se formaron de manera simultánea.

Nuevas y apasionantes investigaciones científicas surgen constantemente. Por ejemplo, según un estudio reciente, publicado en la revista científica *Journal of Geophysical Research*, la Luna posee una cola tipo cometa, invisible al ojo humano, que permite que minerales como el sodio y el potasio lleguen desde la Luna a la Tierra durante los días de luna nueva. «Casi parece algo mágico», dijo uno de los astrónomos involucrados en el estudio del fenómeno lunar.[1]

Justamente los días en los que se forma la cola de cometa de la Luna son considerados ideales para sembrar semillas. Y los minerales son fertilizantes y precursores de la vida.

Este estudio es un ejemplo más de cómo nuevas investigaciones científicas irán ampliando nuestro conocimiento, explicando y demostrando la ciencia detrás de algo que el saber popular conoce intuitiva y empíricamente desde hace milenios.

TODO SE MUEVE

«Si quieres entender los secretos del universo, piensa en términos de energía, frecuencia y vibración».

Nikola Tesla

En el universo, todo está en constante movimiento, desde el macrocosmo de las galaxias al microcosmo de los átomos y las moléculas. Todo está «vibrando», tiene una frecuencia y está relacionado. Todo tiene un pulso. Todo se mueve.

Si le preguntáramos a un pez de qué está rodeado, posiblemente diría que de espacio vacío. Y probablemente, cuando llega una corriente de agua fría, crea que es su cuerpo que se enfría y no el ambiente. Algo similar sucede con los seres humanos: vivimos rodeados de frecuencias, aunque tendemos a pensar que se trata de espacio vacío. Estamos en la era de las telecomunicaciones, donde todo depende de las transmisiones de ondas, y aun así tal vez creamos que el ambiente que nos rodea no influye de ninguna forma en nosotros y viceversa. Se nos hace natural llamar por teléfono a una persona al otro lado del mundo y escuchar su voz, y todavía a muchos les resulta extraño creer que se pueda sentir a alguien que está lejos. Una llamada por teléfono y un pensamiento tienen algo en común, ambos funcionan a base de ondas, de frecuencia, son energía en movimiento. También los colores, los sonidos, las emociones son frecuencias que vibran y recorren el espacio entre nosotros. Toda nuestra tecnología se basa en la frecuencia, la energía y la transmisión de ondas, y aún nos falta asumir que también nosotros, la raza humana, funcionamos basándonos en el mismo principio, un intercambio constante de energía electromagnética. Desde el microcosmo, las células y las moléculas, al macrocosmo, el Sol, la Luna y las estrellas.

Para comprender la influencia lunar, debemos considerar la naturaleza electromagnética del universo y que todo posee un campo, un pulso, una energía que interactúa y se mueve de forma constante.

En 1950, el ingeniero en telecomunicaciones John H. Nelson se encontraba trabajando para la RCA (del inglés Radio Corporation of America, precursora de la Sony) estudiando la propagación de ondas de radio. Buscaba entender cuáles eran las causas de las interferencias que se presentaban cíclicamente comprometiendo la difusión radial de la época. Para su enorme sorpresa, dio con una lista de alineaciones planetarias que coincidían con las interferencias. También los momentos de transmisión ideal venían acompañados de determinadas alineaciones planetarias. Se tomó el arduo trabajo de estudiar durante años la correlación entre la interacción de la Luna, el Sol y los planetas, y elaboró un método para prever las interferencias de las ondas con una exactitud del 93 %. Los estudios de Nelson contribuyeron no solo a mejorar la propagación de las ondas de radio, sino también a planear mejor los viajes espaciales.[2]

Sus estudios solo comprobaron algo que los que estudiamos el cielo conocemos ampliamente: la Luna, el Sol y los planetas emiten una frecuencia electromagnética que influye en la Tierra con repercusiones puntuales.

La fuerza de la Luna es claramente invisible.
Lo visible es su efecto.

LA LUNA Y EL MAR

«Seguramente sabes que las mareas son generadas
por la gravedad de la Luna. Lo que quizá no sabes
es que absolutamente todo viene influenciado
por su potente fuerza. Yo puedo oírla».

Teal Swan

El mar y la Luna están en constante relación.

Las mareas son el resultado de la interacción de la Luna, la Tierra y el Sol. La Tierra es atraída por la Luna por un fenómeno conocido como «atracción gravitacional», y esa atracción es mayor en el punto geográfico que se orienta hacia la Luna. Cuando la Luna transita sobre el mar, este se agita y sube, y eso genera las mareas. El campo gravitacional lunar levanta y mueve los 3 billones de toneladas de agua salada del mar con más ritmo y precisión que un reloj suizo. Cada vez que en un punto del mar la Luna se acerca al zenit (el punto más alto del cielo, donde se encuentra el Sol al mediodía), tenemos una marea alta.

Su influencia es tan clara que no deja dudas sobre el tremendo efecto de la Luna sobre el agua.

La Luna atrae el mar hacia sí misma, generando mareas altas y bajas. Las mareas se suceden cada 12 horas y 25 minutos porque el día lunar tiene 24 horas 50 minutos y 28 segundos. Cada vez que la Luna sale por el este o se pone por el oeste, en ese punto geográfico, tendremos una marea baja. Es decir, que si estás en el mar y ves que la Luna acaba de salir por el este, o está a punto de ocultarse por el oeste, la marea es baja. Mientras que, si la Luna está en lo más alto del cielo, en el zenit, la marea será alta. La siguiente marea alta será cuando la Luna toque el punto opuesto al zenit, llamado nadir, y que representa ese punto que está debajo de tus pies, 12 horas y 25 minutos después.

Otro efecto claro de la Luna en las mareas son las llamadas mareas vivas y mareas muertas. Las mareas muertas son la menor variación entre la marea alta y la marea baja. Este fenómeno se repite siempre en los cuartos crecientes y menguantes, dos veces por mes. La marea viva es la mayor diferencia entre la marea alta y la baja, y sucede durante la luna llena y la luna nueva, dos veces por mes.

Para comprender el efecto de la Luna sobre el mar, no se puede excluir al Sol, ya que el ciclo lunar es en realidad un ciclo lunisolar, una relación constante entre el Sol y la Luna. Y el Sol también posee una fuerza gravitacional hacia la Tierra, considerada dos veces menor que la lunar por su mayor distancia. Por este motivo, cuando el Sol y la Luna se alinean, en luna nueva y en luna llena, tenemos mareas vivas, ya que el Sol y la Luna suman su fuerza gravitacional. Mientras que cuando el Sol y la Luna están en un ángulo de 90°, en los cuartos lunares, anulan entre sí su fuerza gravitacional generando mareas muertas.

Ciclo lunar y mareas

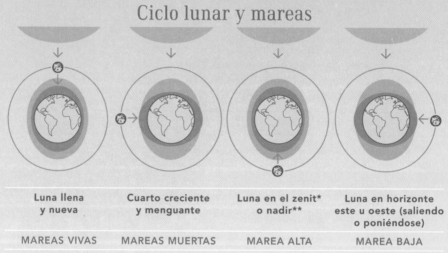

Luna llena y nueva	Cuarto creciente y menguante	Luna en el zenit* o nadir**	Luna en horizonte este u oeste (saliendo o poniéndose)
MAREAS VIVAS	MAREAS MUERTAS	MAREA ALTA	MAREA BAJA

* Zenit, en astronomía, punto situado en la parte vertical de la bóveda celeste, o sea el punto que está en la parte más alta del cielo, encima de tu cabeza.

** Nadir, en astronomía, punto diametralmente opuesto al zenit, o sea el punto que está debajo de tus pies.

Lo fascinante es que la Luna tiene mayor influencia en el lugar donde es visible, especialmente cuando transita por encima de nuestras cabezas.

Este fenómeno me marcó profundamente y tiene mucho que ver con este libro. Hace muchos años, me encontraba investigando acerca del efecto que la alimentación tenía sobre mi cuerpo, mis emociones, mi claridad mental y mi energía. Estaba muy atenta a las variaciones en los diferentes niveles de mi organismo. Y comencé a notar que cada vez que tenía un impulso extra de energía, la Luna, sin importar en qué fase estuviera, se encontraba justamente en lo más alto del cielo. Sucedía a cualquier hora del día o de la noche y me ponía a pensar qué había comido y bebido, pero la única variable que se repetía era la Luna en el punto más alto del cielo. Esto me llevó a estudiar astronomía, para luego apasionarme por la astrología, con un punto focal: la Luna. Quiero contarte todo lo que descubrí a partir de ese momento. Alguna vez escuché decir que cuando uno lee un libro toma la experiencia que una persona desarrolló durante muchos años, tal vez décadas. Con este libro quiero transmitirte todas las observaciones, investigaciones, deducciones y herramientas prácticas que obtuve durante años dedicados a comprender cómo opera la Luna.

El mar es el lugar más obvio y evidente para observar el efecto de la Luna. Pero la Luna no solo atrae al mar. Lo atrae todo, también a ti.

LA LUNA, LA MENTE
Y LAS EMOCIONES

«Comprender el hecho de que somos esencialmente agua es la clave para descubrir los misterios del universo».

Masaru Emoto

El agua es un elemento extremadamente sensible, como tú. Si colocas agua en un contenedor, esta toma su forma, absorbe los aromas y sabores con los que entra en contacto. El agua se adapta siempre al ambiente y los seres vivos somos en gran parte agua. Y, así como el agua, vivimos influidos por una enorme gama de interacciones con el ambiente que nos rodea, pero pocos sabemos diferenciar, claramente, entre lo que sucede dentro y lo que sucede fuera.

Nuestras emociones dependen de nuestra biología, nuestros pensamientos, nuestras acciones y de las situaciones vividas, pero suelen ser como las olas del mar, que van y vienen, fluyen, pasan y a veces se quedan. A veces suben, otras veces bajan. Y quizá hay algo que las hace bajar y subir, así como a la marea.

La creencia popular de que la Luna influye en las emociones y que hace aflorar conductas extrañas es muy antigua. La primera referencia conocida de la palabra «lunático» aparece en la *Vulgata*, una traducción de la Biblia al latín realizada en el 382 d. C. «Lunaticus» es la latinización del término griego «σεληνιαζεται», «seleniaeztai» y significa «el que cambia con la Luna». En la antigüedad, se usó la palabra para definir trastornos mentales, así como la epilepsia y otras enfermedades de tipo convulsivo.

No obstante, ya antes filósofos como Aristóteles y Plinio *el Viejo* relacionaron la Luna con el trastorno bipolar, argumentando que la luz nocturna provocada por la luna llena afectaba a la estabilidad mental de ciertos individuos.

En el siglo XVI, el gran médico y alquimista suizo Paracelso (1493-1541) escribió un libro titulado *La locura*, donde identificaba sus causas y catalogaba los diferentes tipos de enfermos mentales. Entre ellos, uno llamado «lunático», considerado sensible a las fases de la Luna y con tendencia a enloquecer como si fuera poseído, en las noches de plenilunio. Esto nos recuerda la leyenda del hombre lobo, que enloquece y se transforma cíclicamente debido a la fase más intensa de nuestro satélite. Y también a brujas, hechiceras y magos que fueron asociados con la Luna, la posesión espiritual y la locura, y que fueron condenados a la hoguera.

La ley también tuvo en cuenta la diferencia entre estar locos o afectados por una locura repentina ocasionada por la luna llena. En el siglo XIX, en Inglaterra, los abogados utilizaban en la defensa de sus clientes «culpable por razón de la luna llena», objetando que no podían ser condenados porque habían actuado bajo la influencia del cuerpo celeste enloquecedor. Hasta el siglo XIX en países de habla inglesa, algunos manicomios recibieron el nombre de *Asylum of Lunatics* (Asilo de Lunáticos) y tenían como costumbre contratar personal extra las noches de luna llena.

La definición actual de «lunático» de la Real Academia Española es la siguiente: «Que padece locura, no continua, sino por intervalos». Y aún es común que los cuerpos de policía desplieguen mayor cantidad de activos durante las noches de luna llena, para así contener los brotes criminales que parecen intensificarse durante las claras noches de plenilunio.[3]

La ciencia moderna, en general, tiende a rechazar la idea de que la Luna pueda influenciar en el humor o las emociones humanas. Existen experimentos que concluyen que la Luna influencia las emociones, mientras otros lo niegan.

La psicóloga e investigadora Gay Gaer Luce (antigua consultora del National Institute of Mental Health y tres veces ganadora del premio de periodismo de la Asociación Americana de Psicología) afirma que existe una oscilación rítmica en nuestra vitalidad y estado de ánimo asociada al ciclo lunar[4].

Mark Filippi, neurocientífico y autor del método somático, basándose en las investigaciones de otros expertos (Irving Dardik, Joel Robertson y David Goodman), asegura que existe una conexión entre las fases lunares y la producción de cuatro neurotransmisores básicos que determinan nuestro humor. Entre luna nueva y cuarto creciente, la acetilcolina; entre cuarto creciente y luna llena, la serotonina; entre luna llena y cuarto menguante, la dopamina; y entre cuarto menguante y luna nueva, la norepinefrina.[5]

Ciclo lunar y neurotransmisores

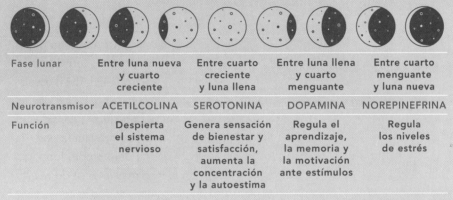

Fase lunar	Entre luna nueva y cuarto creciente	Entre cuarto creciente y luna llena	Entre luna llena y cuarto menguante	Entre cuarto menguante y luna nueva
Neurotransmisor	ACETILCOLINA	SEROTONINA	DOPAMINA	NOREPINEFRINA
Función	Despierta el sistema nervioso	Genera sensación de bienestar y satisfacción, aumenta la concentración y la autoestima	Regula el aprendizaje, la memoria y la motivación ante estímulos	Regula los niveles de estrés

Una reciente investigación acerca del trastorno bipolar,[6] llevado a cabo en el National Institute of Mental Health de Maryland, EE. UU.,[7] ha demostrado que existe una sincronía entre los cambios de depresión y manía y los ciclos de la Luna. Concretamente, los ciclos lunares que afectan a los pacientes son especialmente aquellos que influyen en las mareas (ciclo sinódico, ciclo anomalístico y ciclo dracónico). Los pacientes objeto de estudio fueron monitorizados durante 37 años, en los que se observó que los comienzos de cada episodio maníaco estuvieron sincronizados con cada ciclo lunar bisemanal.

En astrología, la Luna está asociada con nuestra capacidad de experimentar como propio el estado psicoemocional de las personas que nos rodean. Si la idea de que puedes sentir en carne propia el entorno es nueva para ti, tal vez este concepto te suene exagerado. Pero las «neuronas espejo» (llamadas también especulares), descubiertas en 1996 por un grupo de neurocientíficos de la Universidad de Parma, demuestran que nuestro cerebro está diseñado para emular pensamientos y emociones del ambiente. Es muy poético que se llamen neuronas espejo, ya que la Luna funciona también como un espejo del Sol reflejando su luz. Las neuronas espejo son las que nos permiten desarrollar la sensibilidad, la compasión y la empatía, tres de las dotes más nobles que poseemos los seres humanos.

La mejor manera de descubrir el efecto de la Luna en ti es observarte a lo largo del ciclo lunar. La fluctuación que genera la Luna es misteriosa, trascendental y en general ignorada. Comprenderla te ofrece una especie de bola de cristal que no se basa en la creencia, sino en la observación empírica.

Así como el Sol marca las estaciones del año y conocer su ciclo nos permite prever cuándo hará frío y cuándo hará calor, la Luna marca un ritmo a lo largo del mes que nos permite tener mucha información acerca de una serie de influencias rítmicas en la naturaleza y nuestro estado de ánimo.

PARTE 1

La Luna
y todos sus ciclos

Para comprender el ciclo lunar,
toma una lenta y profunda inhalación.

Inhala aire lentamente hasta que
tus pulmones se llenen.

Esto es lo que hace la Luna entre la fase nueva y llena:
se colma de luz, poco a poco, hasta llenarse por completo.

Ahora exhala todo el aire lentamente,
hasta vaciar los pulmones.

Igualmente, la Luna se vacía de luz día tras día,
entre sus fases llena y nueva.

LOS CICLOS
EN LA NATURALEZA

La observación del cielo, precursora de la astronomía y la astrología se inicia con la observación de la Luna, el cuerpo celeste más claro y evidente en el cielo nocturno. En los albores de la civilización la Luna reinaba en el cielo, marcando el ritmo de la vida. Era el indicador principal de los ciclos de la naturaleza y conocer sus movimientos era fundamental para la supervivencia, ya que indicaba el ciclo de fertilidad de los animales, de los cultivos y las mareas.

La palabra «mes» y la palabra «Luna», eran una sola en latín, «mensis», ya que el concepto mismo era indivisible.

Durante milenios, los agricultores, los médicos y los navegantes (entre otros) se basaron en el calendario lunar como indicador de los cambios cíclicos en la naturaleza.[8]

La Luna, tan predecible y exacta como cambiante y misteriosa, marca en el cielo, clara y gráficamente, el ciclo natural de la vida.

No podemos separar a la Luna del Sol, porque su ciclo es una danza a dos y se basa en su relación. Esta dinámica perpetua de acercamiento hasta la unión, seguida de un alejamiento hasta la oposición, es la danza de los «esposos cósmicos», en constante interacción. Un juego de luces y sombras que permite la vida en la Tierra.

Si observamos las características y efectos de los rayos del Sol y de la Luna, podemos observar que son opuestos. El Sol tiene una luz cálida, seca, antiséptica. Mientras que la Luna tiene luz fría, húmeda, séptica. Que el Sol tenga luz cálida y seca es parte del sentido común, aunque no muchos saben que su luz es antiséptica, o sea que destruye los gérmenes. La Luna, por su parte, tiene una luz fría. Puedes comprobarlo si en una noche de luna llena mides la temperatura a la luz de la Luna y luego la comparas con la temperatura a la sombra de la luz lunar.

Su luz no seca humedece y es séptica. Eso quiere decir que promueve la propagación de microorganismos. Incluidas bacterias y gérmenes. Es necesario aclarar que las bacterias no son todas dañinas. Es más, nuestra supervivencia depende de las «bacterias buenas», ya que realizan la digestión, así como gran parte de la protección del organismo. Todos los fermentos, por ejemplo, la levadura del pan, el vinagre o el vino, fermentan con más rapidez durante los días de luna llena. En cambio, lo harán más lentamente en carencia de luz lunar. En general, toda la vida se estimula con la luz de la Luna, las plantas crecen más aceleradamente como crece todo lo que habita la Tierra. Obviamente, existe un efecto real y directo de la Luna sobre la vida y este efecto tiene un ciclo simple.

También podemos especificar una clara diferencia simbólica entre el Sol y la Luna. El Sol representa la mente y la consciencia, mientras la Luna representa la emoción y el instinto. El Sol es el arquetipo del padre y lo masculino, mientras que la Luna lo es de la madre y lo femenino. El Sol simboliza la energía extrovertida, yang, mientras la Luna simboliza una energía introvertida, yin. El Sol tam-

La Luna es como un gran espejo mágico, porque toma los rayos del Sol y los transforma por completo.

bién representa el espectro eléctrico de la energía, mientras que la Luna representa el magnético. El ciclo lunar es el perfecto equilibrio entre estas dos fuerzas, una danza eterna entre los dos espectros de la dualidad.

El ciclo lunar es un ciclo natural, repetitivo, predecible y confiable, que sigue el mismo modelo de todos los ciclos naturales.

Durante el ciclo lunar, encontramos una ausencia de luz lunar en luna nueva, un momento de iluminación al 50 % en cuarto creciente, un máximo de luz en luna llena, nuevamente un 50 % de iluminación en cuarto menguante, para volver a la oscuridad de la luna nueva.

Tomemos como ejemplo el ciclo de luz solar a lo largo del día. Tenemos una máxima de luz al mediodía y una mínima a medianoche. La máxima y mínima luminosa se intercalan con dos puntos donde la luz está en un punto medio, uno al amanecer y otro al atardecer.

Más claro aún es el ciclo solar a lo largo del año. En el solsticio de verano, tenemos un máximo de horas de luz solar, mientras sucede lo opuesto en el solsticio de invierno, con un mínimo de horas diurnas. En los equinoccios tenemos dos puntos medios, las mismas horas de luz que de oscuridad.

En la naturaleza, todos los ciclos poseen la misma tendencia, de ascenso y descenso, de crecimiento y relajación, de dar y recibir.

Todos los ciclos naturales siguen el mismo modelo, con una mínima y una máxima, intercaladas por dos momentos de equilibrio. Conociendo a fondo uno de los ciclos, puedes comprender todos ellos.

EL CICLO SINÓDICO

El ciclo o mes que transcurre entre una luna nueva y la siguiente se conoce como «ciclo sinódico». La palabra viene de «sínodo», que originalmente se refería a reuniones de máxima importancia entre líderes religiosos. Justamente porque en luna nueva tenemos una junta o conjunción entre los dos iluminadores del cielo, el Sol y la Luna.[9]

La duración media del ciclo lunar sinódico es de 29 días, 12 horas y 44 minutos, o 29,53 días. La variación depende de la excentricidad de la Luna y en algunos casos será de 29 días y 7 horas y en otros de 29 días y 19 horas (casi 30 días).

La creencia popular de que el ciclo lunar[10] dura 28 días puede surgir de varios motivos. Las cuatro fases lunares más visibles suceden cada 7 días y medio, o sea una semana, y puede ser fácil pensar que el ciclo dura cuatro semanas o 28 días. También tenemos 28 moradas o casas lunares, un método antiguo utilizado por varias culturas. O podemos considerar que, como el ciclo lunar sideral (ver más abajo) dura 27 días, 28 es la media entre el ciclo sinódico y el sideral.

El ciclo lunar sinódico se inicia con la unión del Sol y la Luna, a una distancia de 0° grados y 0 % de luminosidad lunar.

Siete días y medio después, la Luna ya se ha separado lo suficiente del Sol como para iluminarse al 50 % y aparece como medio disco iluminado. Este momento se conoce como cuarto creciente y las luminarias forman un ángulo de 90° entre sí.

Una semana después (siete días y medio), la Luna se ha alejado del Sol lo suficiente como para ser iluminada al 100 % y tenemos la luna llena.

Ciclos de la Luna

Ciclo sinódico
Periodo entre una luna
nueva y la siguiente
29,5 días

Ciclo sideral
Periodo que tarda la Luna
regresar al mismo punto sobre la
eclíptica o grado del zodiaco
27,3 días

Ciclo anomalístico
Periodo que tarda la
Luna en volver a su
punto de máxima
cercanía a la Tierra,
llamado perigeo
27,5 días

Ciclo draconiano o dracónico
Periodo que tarda
la Luna en regresar
al nodo ascendente
o nodo norte
27,2 días

Ciclo Saros
Periodo en el cual
la Luna y la Tierra
regresan a la misma
posición en sus
órbitas; este ciclo
permite predecir los
eclipses desde la
antigüedad,[11]
223 ciclos sinódicos,
que equivalen a
18 años, 11 días y
8 horas

Ciclo de mareas/ día lunar
Periodo que tarda la
Luna en volver al mismo
punto sobre el
horizonte
24 horas y 50 minutos

Lunasticio
Ciclo que cumple la Luna en 18,6 años,
variando entre lunasticio menor y
mayor, cada 9,3 años. Durante el
lunasticio menor, la declinación lunar no
supera los 18° 36' norte/sur, mientras
que en el lunasticio mayor tenemos un
fenómeno conocido como «Luna fuera
de los límites» porque la Luna llega a
28° 64' de declinación.

Ciclo metónico
Ciclo de 19 años solares tropicales o
235 meses sinódicos lunares, creado
por el astrónomo griego Metón,
utilizado desde el 432 a. C. hasta el
330 a. C. Diseñado de tal forma para
que el calendario lunar se acople con
el solar, formando así un calendario
lunisolar. Este tipo de calendario es
usado aún hoy en día.

Profundizaremos acerca de todos estos ciclos en los próximos capítulos.

El Sol y la Luna están enfrentados en el firmamento formando un ángulo de 180° entre sí.

Siete días y medio después de la luna llena, llega el cuarto menguante. Nuevamente tenemos una iluminación del 50 % y un ángulo de 90° entre la Luna y el Sol.

Siete días y medio después, la Luna regresa a los brazos del Sol y el ciclo reinicia.

Relación Luna-Sol y luminosidad lunar

Fase lunar	LUNA NUEVA	CUARTO CRECIENTE	LUNA LLENA	CUARTO MENGUANTE
Luminosidad	0 %	50 %	100 %	50 %
Relación Luna-Sol en grados	0°	90°	180°	90°

CLAVES DE OBSERVACIÓN DEL CICLO LUNAR

La Luna aparece por el este cada día, a diferentes horas según su fase. El primer día del ciclo lunar, en luna nueva, la Luna está junto con el Sol, por lo que sale y se oculta junto a él.

Sale por la madrugada, está en el zenit al mediodía, se oculta al atardecer y se encontrará en el nadir a medianoche. En esta fase, si miras al Sol, estás mirando también a la Luna, aunque no se ve, ya que el Sol no puede iluminar su cara visible.

Como la Luna tarda 24 horas y 50 minutos en volver al mismo punto sobre el horizonte, sale cada día 50 minutos más tarde que el día precedente. Eso hace que, desde el punto de vista terrestre, se aleje cada día un poco del Sol. Nuestro satélite avanza entre 12° y 14° grados en el zodiaco por día, mientras que el Sol se mueve sobre la eclíptica o zodiaco un solo grado al día. De esa forma, la Luna puede ya verse en el horizonte al oeste, después de la puesta del Sol, como una sutil sonrisa, después de un día o dos de la luna nueva[12].

Cada día, la Luna avanza alejándose un poco del Sol, hasta llegar a estar separada de él 90° grados e iluminada al 50 %, una semana después de la luna nueva, en su fase cuarto creciente. En ese momento, la Luna sale al mediodía, está en el zenit o punto más alto del cielo en la puesta del Sol, y se oculta por el oeste a medianoche, mientras se encontrará en el nadir al amanecer. En el transcurso de la siguiente semana, la Luna ya está iluminada al máximo. Se ha alejado 180° grados del Sol, por lo que se encuentran en dos extremos opuestos. Esta fase es conocida como luna llena y, en ella, la Luna sale por el este a la puesta del Sol. Se encuentra en el zenit a medianoche, se oculta por el oeste al amanecer y se encuentra en el nadir al mediodía. A partir de este momento, la Luna ya no se aleja del Sol, sino que empieza a acercarse a él y su luz desciende un poco cada día. Transcurrida una semana, la Luna está iluminada un 50 %, fase conocida como cuarto menguante. En esta fase, sale por el este a medianoche, se encuentra en el zenit al amanecer, se oculta al mediodía y se encuentra en el nadir al atardecer. Sigue acercándose al Sol mientras pierde luz, para volver a ser nueva una semana después del cuarto menguante.

El Sol y la Luna son opuestos complementarios, y danzan siempre juntos en el cielo. Durante parte del ciclo, la Luna se acerca al Sol hasta unirse a él, para después alejarse hasta oponérsele.

Rítmicos y sofisticados, los esposos cósmicos se unen para después alejarse y así reencontrarse.

Tenemos mucho que aprender de esta pareja galáctica, porque ni la Luna ni el Sol viven preocupados por reencontrarse, saben que está en su destino reencontrarse una y otra vez.

La Luna mentirosa

En los países del hemisferio norte, se suele mencionar que la Luna es mentirosa. Esto se debe a las letras «C» y «D» que parece dibujar la Luna con sus fases. La «C» se atribuye a «creciente» y la «D» a «decreciente», pero desde el hemisferio norte las letras se ven de forma invertida. En el hemisferio norte, cuando la luna nueva se deja ver por primera vez después del atardecer, se ve como una «D» sutil. La letra «D» de «decreciente» se irá ensanchando más y más hasta llegar al cuarto creciente, que aparece como medio disco iluminado. En cambio, dibujará una «C» de creciente en cuarto menguante. En el hemisferio sur los cuartos lunares se ven al revés y la Luna dibuja una «C», cuando está creciente y una «D» en el cuarto menguante. Las fases lunares dependen de la relación del Sol y la Luna y suceden al mismo tiempo para todo el planeta, lo que varía es el huso horario y la orientación del disco lunar según el hemisferio desde donde se observa. Cuanto más cerca estemos del ecuador terrestre, más se verá la Luna como una sonrisa o una «U» invertida.

Se suele caer en la confusión de pensar que la Luna se ve de la misma forma cuando asciende que cuando desciende sobre el horizonte, ya que la Luna se verá primero como «C» y luego como «D» según la observemos hacia el este o el oeste. Dicho de otro modo, si cuando sale la Luna se ilumina del lado izquierdo, cuando se encuentre cerca de ocultarse la veremos iluminada del lado derecho.

Simplemente porque la vemos desde diferentes perspectivas. Es el mismo motivo por el cual la Luna se ve como «C» o «D» en la misma fase, según el hemisferio desde donde la observemos.

Horarios de la Luna según su fase

Fase lunar	LUNA NUEVA	CUARTO CRECIENTE	LUNA LLENA	CUARTO MENGUANTE
Hora de salida de la luna	Creciente	Creciente	Menguante	Menguante
(Aprox.)	6 a. m.	12 p. m.	6 p. m.	12 a. m.
Hora de luna en el zenit (aprox.)	12 p. m.	6 p. m.	12 a. m.	6 a. m.
Hora de puesta de la luna (aprox.)	6 p. m.	12 a.m.	6 a. m.	12 p. m.
Hora de luna en el nadir (aprox.)	12 a. m.	6 a. m.	12 p. m.	6 p. m.

LAS DOS TENDENCIAS NATURALES

Tomemos lo simple, primordial y sublime como modelo: el latido de tu corazón.

El corazón es un órgano que oscila, como todo en este mundo. Se contrae y se expande constantemente, en un «bum bum» de tambores que marcan el ritmo en el flujo. Recibe la sangre y luego la distribuye, en el ciclo constante que permite y perpetúa la vida. El corazón no puede dar lo que no recibió. Así como tú no puedes dar lo que primero no te diste. La expansión y la contracción es una constante de todos los ciclos. Inhalación y exhalación, sueño y vigilia, activación y relajación. Todo se basa en dos tendencias, exactamente como el latido de tu corazón. Para caminar, debes primero contraer la pierna, antes de poder estirarla. Todo movimiento, toda dinámica, se basa en la alternación de dos tendencias opuestas.

Crecimiento y relajación

El ciclo lunar nos permite identificar ese latido natural que expande y contrae al mundo. Durante una mitad del ciclo, la Luna crece e impulsa a la expansión; mientras que durante la otra mitad, la Luna mengua e impulsa a la relajación. Luna llena y luna nueva son dos culminaciones en las tendencias. Y son también dos inflexiones que marcan el cambio de tendencia en el flujo de luz lunar. Estos dos momentos del mes lunar dan inicio a dos semanas de expansión y crecimiento, de luna nueva a luna llena, y de relajación y mantenimiento, de luna llena a luna nueva.

Comúnmente se conoce estas dos tendencias como luna creciente y luna menguante.

A partir del momento exacto de la luna nueva,
la Luna pasa de fase menguante a fase creciente.

En fase creciente todo sube, se expande y crece.

A partir del momento exacto de la luna llena,
la Luna pasa de fase creciente a fase menguante.

En fase menguante todo baja, se procesa y se relaja.

Quincena activa y quincena pasiva,
o quincena clara y oscura.

Quincena activa - Entre cuarto creciente y cuarto menguante la Luna se ilumina entre el 50 y el 100 %. Es la quincena luminosa del ciclo y la luz incentiva a la actividad. Es una fase extrovertida, donde conectamos con el exterior, dando a los demás aquello que fuimos capaces de darnos en la quincena pasiva u oscura. En quincena clara es cuando hacemos experiencias y obtenemos los resultados de nuestras acciones.

Quincena pasiva - Entre cuarto menguante y cuarto creciente recibimos entre el 50 y el 0 % de luz lunar. Es una fase introvertida y pasiva. De encuentro con uno mismo. En la quincena oscura, reconectamos con nuestro cuerpo y nuestras necesidades.

Las dos tendencias del ciclo

Fase lunar	LUNA NUEVA	CUARTO CRECIENTE	LUNA LLENA	CUARTO MENGUANTE
Tendencia	Creciente	Creciente	Menguante*	Menguante
Quincena	Oscura/pasiva	Clara/activa	Clara/activa	Oscura/pasiva
Iluminación de la Luna	0-50 %	50-100 %	50-100 %	0-50 %
Actitud	Introspectiva	Extrovertida	Extrovertida	Introspectiva
Estimula la	Expansión	Expansión	Relajación	Relajación

* La luna empieza a menguar a partir del momento exacto del plenilunio.

LAS CUATRO FASES LUNARES

Cuatro es el número de las estaciones: primavera, verano, otoño e invierno. De las partes de un día: el amanecer, el mediodía, el atardecer y la medianoche. De los puntos cardinales: norte, sur, este y oeste. De los elementos: fuego, tierra, aire y agua, etc. Cuatro es el número de la estructura, de lo tangible y lo estable. El número mágico del ciclo, que se repite sin cesar, alternando sus fases y marcando una tendencia natural.

Las 4 fases del ciclo

Fase lunar	LUNA NUEVA	CUARTO CRECIENTE	LUNA LLENA	CUARTO MENGUANTE
Tendencia	Creciente	Creciente	Menguante	Menguante
Estación	Invierno	Primavera	Verano	Otoño
Elemento	Agua	Fuego	Aire	Tierra
Óptima para	Relajarse, nutrirse, escuchar el propio cuerpo y atender las propias necesidades.	Enfocar la energía en realizar los propios deseos. Tomar acción.	Manifestar, crear, concluir, reunirse, conectar, celebrar.	Procesar las experiencias, sacar conclusiones, tomar decisiones, desechar lo superfluo o pesado. Perdonar, sanar.
Nivel de energía	Bajo	Alto	Alto	Bajo

La Luna, el corazón de los árboles

Los árboles también mueven su linfa siguiendo la Luna: en el novilunio, la linfa se encuentra concentrada en las raíces. Mientras la Luna crece, la linfa sube para llegar hasta las hojas, los frutos y las flores en luna llena. En el momento que la luz lunar comienza a descender, también la linfa lo hace, siguiendo la danza de mamá Luna. Los seres humanos tenemos una similitud biológica muy curiosa con los árboles: ambos tenemos un sistema linfático que funciona por gravedad. Pensaríamos que este intrincado sistema de canales internos tiene una bomba, como el corazón para el sistema circulatorio. Aunque no es así, si no nos movemos, la linfa, lugar donde almacenamos las toxinas y las hormonas, no se mueve. Por eso es tan importante la actividad física.

> Los árboles no pueden moverse y deben contar
> con el movimiento de la Luna, su corazón cósmico.

¿Será que la Luna también agita
nuestra linfa de la misma forma que
hace con el mar y con los árboles?
La mejor manera para descubrirlo
es observándote.

OCHO FASES LUNARES

E l ocho es el número del infinito, número que dibuja el analema[13] solar y lunar. Es el número que representa el poder y la continuidad, y es justamente el número oculto de las fases de un ciclo.

En astronomía y astrología, el ciclo lunar se divide en ocho fases, que se calculan según el ángulo de relación entre la Luna y el Sol, donde hay una fase intermedia entre las cuatro fases más conocidas (nueva, llena y cuartos lunares).

Se tienen en cuenta el porcentaje de iluminación lunar y el arco recorrido por la Luna con respecto al Sol. Las únicas diferencias que existen entre las fases lunares astrológicas y las astronómicas son los nombres y la forma de expresar la distancia. Por ejemplo, en cuarto menguante en astrología consideramos 90° de ángulo, mientras en astronomía se calcula la distancia recorrida por el satélite, o sea 270°.

El Sol también cumple ocho fases a lo largo del año, cuatro conocidas (como las de la Luna) y cuatro ocultas. Las cuatro conocidas son los inicios de las estaciones, en solsticios y equinoccios, mientras que las cuatro fases ocultas se inician en los puntos intermedios entre estaciones. Estos momentos centrales, donde cada una de las estaciones da lo mejor de sí, fueron considerados sagrados por muchas culturas ancestrales. Por ejemplo, las cuatro festividades celtas: Imbolc (1 o 2 de febrero, cuando se festeja la Candelaria católica y día de Iemanjá, diosa del mar), Beltane (el 1 de mayo), Lammas (1 de agosto, día de la Pachamama) y Samhain (31 de octubre, día de muertos)[14].

En este caso podemos considerar que el Sol nace en el solsticio que da inicio al invierno (en diciembre en el hemisferio norte y en junio en el hemisferio sur). Y tiene su fase equivalente al plenilunio en el solsticio de verano.

La relación matemática entre cuerpos celestes se conoce en astrología como «aspectos» e indica la posición de uno con respecto al otro desde el punto de vista terrestre. Por ejemplo, si la Luna sale al mediodía, existe un ángulo de 90° grados entre la Luna y el Sol. A esta relación se le llama «aspecto de cuadratura». Tanto en astronomía como en astrología se considera cuarto menguante o creciente al momento exacto en que el arco entre el Sol y la Luna es de 90°. Lo mismo vale para los otros «aspectos» o relaciones matemáticas entre la Luna y el Sol. Se considera luna nueva al momento preciso en el que el Sol y la Luna están a 0° de arco y luna llena cuando el Sol y la Luna están exactamente a 180° el uno del otro.

A ESTAS CUATRO FASES PRINCIPALES, SE AGREGAN CUATRO FASES INTERMEDIAS

1 Entre luna nueva y cuarto creciente, tenemos la fase luminante.
2 Entre cuarto creciente y luna llena, tenemos la fase gibosa.
3 Entre luna llena y cuarto menguante, tenemos la fase diseminante.
4 Y entre cuarto menguante y luna nueva, tenemos la fase balsámica (negra).

Como son aspectos intermedios, la relación matemática entre el Sol y la Luna es de 45° o 135° en el cielo, algo no visible a simple vista. Esto explica por qué no forman parte del sistema natural y por qué no son tan conocidas ni fáciles de reconocer a simple vista. Casi todos los recursos que poseemos, como las efemérides astronómicas (lista de las posiciones de los planetas en el cielo), las aplicaciones y los calendarios astrológicos marcan solo las cuatro fases lunares principales y, si no tenemos conocimientos básicos de astrología o astronomía, es complejo calcular la fase intermedia. Aunque basta con contar tres días y medio desde la fase principal y tendremos la fase intermedia.

Horarios de la luna según su fase

Fase lunar	Iluminación	Relación Luna-Sol	Nombre astronómico
Luna nueva	0 %	0°	Luna nueva
Luminante	25 %	45°	Luna creciente
Cuarto creciente	50 %	90°	Cuarto creciente
Gibosa	75 %	135°	Gibosa creciente
Luna llena	100 %	180°	Luna llena
Diseminante	75 %	135°	Gibosa menguante
Cuarto menguante	50 %	90°	Cuarto menguante
Balsámica (negra)	25 %	45°	Luna menguante

LOS MOMENTOS PROPICIOS DEL CICLO

Durante el ciclo, la relación entre la Luna y el Sol no se limita a darnos cuatro momentos clave al mes. Conociendo el ritmo de las ocho fases se pueden identificar momentos más propensos, sin la necesidad de un amplio conocimiento astrológico. Las relaciones matemáticas entre los cuerpos celestes causan fluidez o bloqueo, se consideran tensas o armoniosas. Las cuatro fases principales de la Luna se dan en relaciones matemáticas con el Sol, que en general se consideran tensas. La conjunción en luna nueva (0°), las cuadraturas en los cuartos (90°) y la oposición en llena (180°). Son fases ideales para ciertas aplicaciones, aunque a veces son momentos cardinales difíciles. Aunque existen otras relaciones matemáticas que son armoniosas, y estas son los 120° o el trino, y los 60° o el sextil. Ambas se repiten dos veces al mes. Una vez en creciente y otra en menguante. Cuando la Luna se encuentra a estos grados de ángulo del Sol, congenian. Y eso suele ser propicio. Contando los días a partir de las cuatro fases principales puedes saber cuándo hay momentos propicios, útiles para planear aquellas acciones que quieres que tengan un buen resultado. Los momentos propicios son buenos para citas, juntas, reuniones, exámenes, ver un especialista, usar la propia creatividad, deporte y más.

Imagina que quieres sembrar una semilla y no tienes conocimientos en cultivo de plantas. Tal vez la siembres en la estación equivocada. Probablemente no germine y tal vez pienses que hay algo malo en la semilla, en el terreno o en la cantidad de agua.

Los sextiles o aspectos de 60° entre la Luna y el Sol son momentos de buenas oportunidades que hay que aprovechar, mientras que los trinos (llamados también «trígonos») o aspectos de 120° entre el Sol y la Luna son aún mejores que los sextiles. Momentos propicios donde todo tiende a armonizarse.

Momentos propicios del ciclo lunar

Tipo	SEXTIL (60°)	TRINO (120°)
Calidad del momento	Bueno	Excelente
Creciente	4 días y medio después de la luna nueva, 3 días antes del cuarto creciente	2 días después del cuarto creciente
Menguante	2 días y medio después del cuarto menguante, 5 días antes de la luna nueva	5 días después de la luna llena, 2 días antes del cuarto menguante
Usos en creciente	Aprovechar las oportunidades que surgen con respecto a los proyectos y necesidades del momento	Momento para lanzar proyectos, promociones, hacer reuniones, inauguraciones, invertir, conocer personas, etc.
Usos en menguante	Aprovechar las oportunidades que surgen para hacer espacio, relajarse, hacer terapia, reducir el estrés	Momento para sanar, perdonar, comprender, procesar las propias emociones, tener citas médicas

Se usan teniendo en cuenta si suceden cuando la Luna está creciente o menguante para diferentes situaciones.

¿Debemos seguir la Luna? Solo si lo deseamos.
En la naturaleza todo fluye como la Luna, y si se hace
a su ritmo, irá solo. O al menos con mucho menos esfuerzo.
La corriente fluye en un sentido, ir contracorriente es factible,
a veces necesario, aunque requiere mayor esfuerzo.

Como la naturaleza impulsa la corriente, muchas cosas en nuestras vidas siguen espontáneamente ese ritmo, no nos damos cuenta porque no llevamos un registro y desconocemos cómo funcionan los ciclos. Seguir la Luna no es necesario, simplemente es una manera formidable de conectar con los ciclos naturales y encontrar armonía.

LAS FASES Y SU INFLUENCIA EMOCIONAL

«Dicen que antes de entrar en el mar, el río tiembla de miedo…, mira para atrás, para todo el día recorrido, para las cumbres y las montañas, para el largo y sinuoso camino que atravesó entre selvas y pueblos, y ve hacia delante un océano tan extenso que entrar en él es nada más que desaparecer para siempre. Pero no existe otra manera. El río no puede volver. Nadie puede volver. Volver es imposible en la existencia. El río precisa arriesgarse y entrar al océano. Solamente al entrar en él, el miedo desaparecerá, porque apenas en ese momento, sabrá que no se trata de desaparecer en él, sino de volverse océano».

Khalil Gibran

Antes de que la Luna nazca, muere. Cuando se encuentra totalmente oscura, experimentamos una especie de drenaje energético, cansancio emocional y niebla mental. Es un momento donde el cuerpo quiere tomar las riendas para aprovechar la última fase de purificación del ciclo. Experimentamos mayor cansancio físico, emociones que se sienten con mayor intensidad, la mente es menos racional. Cuando la Luna desaparece del cielo todo baja, también nuestra energía. Es ideal darse un tiempo extra para el cuidado básico del cuerpo, como dormir, comer saludable, bañarse (si es posible en el mar o con sales en la bañera) y hacer actividades relajantes como yoga, leer, caminar en la naturaleza. Las saunas y las mascarillas, los tés purificantes y los baños de pies, los masajes, y todo aquello que te relaje es una inversión en tu cuerpo que en esta fase te pagará muy bien. La Luna está a punto de nacer y así un ciclo. Y los inicios son importantes. Si te preparas bien, iniciarás bien.

Cuando la Luna empieza a tomar luz un par de días después del momento exacto de novilunio, nos sentimos algo renovados. A veces se experimentará ese alivio antes de la luna nueva, siempre y cuando se hayan procesado los cúmulos mentales emocionales y físicos previamente o no exista la necesidad. Cuando la Luna vuelve a tomar luz, también lo hacemos nosotros, algo se expande y crece y vamos tomando impulso. Cuando avanza hasta los 60° de separación del Sol, cinco días después de la luna nueva, tenemos un momento de armonía y oportunidades que se despliegan ante nosotros. Eso puede llenarnos un poco de esperanza. Siete días y medio después del novilunio, llega el cuarto creciente, una tensión entre el Sol y la Luna, un momento de pausa y toma de decisiones. A veces eso conlleva un cambio de rumbo o un conflicto interno de hacia dónde dirigirse.

Mientras dos días y medio después, cuando la Luna ya se ha separado del Sol 120°, forma el trino en creciente que nos regala el cielo cada mes. Momento de oportunidades, avances, fluidez y buenos acuerdos. Eso sucede en la semana más activa del ciclo, cuando estamos a cinco días del espectáculo del mes, la Luna llenándose. Los últimos días previos al plenilunio fluyen acelerados, cargados de sucesos, comunicaciones, ventas, interacciones. Todo crece y crece, y nuestra energía va subiendo. La Luna está alta en el cielo en altas horas de la noche y, aunque silenciosa, parece que aullara. Son las noches que se relacionan con una menor producción de melatonina, la hormona que regula el sueño.[15] Nos cuesta más dormir y muchos andan más activos, creativos, extrovertidos, locos, que de costumbre. Los momentos de culminación son potentes, pero no son fáciles. Si hay un exceso en la acumulación de energía, puede explotar y salirse de control. Todo suele ser más repentino, impulsivo e impactante. Si una relación acumula una excesiva cantidad de estrés o frustración, es cuando suele suceder el punto de quiebre. A veces para concluir para siempre, otras simplemente para dar fin a una etapa. En la luna llena vemos resultados y eso nos asombra, para bien o para mal. Y hay una sensación de celebración de fondo. Todos tienden a ser más activos socialmente durante los días cercanos a la luna llena. Este es el momento donde, si hay algo que viene mal, suele ponerse peor. Si sufrimos por una pérdida o estamos pasando por un mal momento, ver todo crecer no es un buen presagio. Los estados emocionales llegan al máximo de la intensidad y la mente suele acelerarse también. Es como si hubiera algo dentro de nosotros que quiere moverse sin saber para dónde. Existe una mágica claridad los días de luna llena. La verdad se expone. La creatividad sube al máximo y la naturaleza tiene un pico de fertilidad que pareciera que pudiéramos oler. Es un momento ideal para aclarar la mente y encontrar un equilibrio entre cerebro y corazón. Afortunada o desgraciadamente, a partir del momento exacto del plenilunio, la atracción magnética lunar empieza a descender y así la intensidad general.

El día siguiente a la luna llena solemos experimentar algo de alivio, acompañado de mucha energía disponible, ya que aún la Luna está casi iluminada por completo. Aunque desciende y eso relaja. Aquí es donde también empiezan a calmarse los estados agudos, sean físicos, psicológicos o emocionales. También la luna llena, a su manera, nos deja renovados. Solo que algo despeinados. Ahora la Luna se aleja del Sol y repetirá las mismas relaciones matemáticas, solo que alejándose de él y perdiendo luz. Cinco días después de la plenitud lunar la Luna se encuentra a 60° del Sol y sentimos más alivio.

Vamos hacia el cuarto menguante, momento decisivo, donde se hace evidente que ya no va más en nuestras vidas y hay que decirle chao y adiós. Esto nos lleva al segundo trino[16] Sol-Luna del ciclo: dos días y medio después del cuarto menguante sucede un momento propicio e ideal para soltar y dejar ir, purificarse, perdonar, sanar y relajarse. Faltan cinco días a la luna nueva y, antes de pasar a la muerte-transformación de la fase balsámica, hay un momento suave. Mientras que dos días después la Luna ya es negra y todo desciende, todo baja y se escabulle. Todo se limpia. Eliminamos toxinas, pensamientos, emociones; sale la basura espiritual y hay que reciclarla. Este momento suele ser de mucha introspección y profundidad, de reencuentro con uno mismo. Que el reencuentro sea complejo depende de cómo se vivió el ciclo entero. Todo se siente más abismal, más definitivo y algo dramático. Vale la pena llorar si quieres llorar. Las lágrimas lavan el alma y permiten que las emociones se vayan libres. Sacan de adentro lo que arde o frustra y se lo llevan.

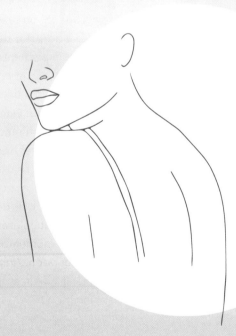

No puedes sostener lo nuevo si estás ocupado manteniendo lo viejo. No puedes abrazar hoy si te aferras a algo que fue ayer. Es el momento de soltar. La Luna está a punto de renacer y tú también.

LAS CARACTERÍSTICAS DE LAS FASES LUNARES

Luna nueva - Renacimiento

La luna nueva sucede cuando el Sol y la Luna están en el mismo grado en el momento exacto de conjunción entre el Sol y la Luna. Se trata de una unión fecunda entre el rey y la reina del cielo que da vida al nuevo ciclo. Cuando no hay luz de Luna, la energía emocional está al mínimo; todos los líquidos descendieron y se purificaron en la fase final del ciclo (balsámica) y la Luna empieza a sumar luz de forma imperceptible.

El primer día de luna nueva todo está renovado y regularmente las aguas de los mares y los lagos se ven más limpias. Todo está listo para el nuevo ciclo, aunque el arranque es lento. La Luna se mueve en conjunto al Sol, por lo que no es visible. Si miras al Sol en este momento, estás mirando a la Luna.

La luna nueva es como el invierno, la energía va hacia dentro y buscamos calor y confort. La alineación del Sol con la Luna nos alinea con nosotros mismos y hay más claridad de nuestro estado físico y emocional.

Este es el momento que se usa, por ejemplo, para trazar metas, lo que algunos llaman «intenciones». Es el momento idóneo, ya que la última fase del ciclo genera el vacío necesario, un «nido» que espera una nueva vida y trazar metas en este momento ocupa ese espacio fecundo.

La consciencia se enfoca al interior del individuo y las dinámicas profundas son más perceptibles. Hay más claridad acerca de lo que se siente. Se forma la cola de la Luna descubierta en los últimos años, y la Luna envía a la Tierra minerales indispensables para la nueva vida. Es un momento para visualizar tus metas, aunque la Luna aún no tiene suficiente energía como para impulsar el crecimiento de proyectos. Si observas la Luna detenidamente, verás que será visible de nuevo uno o dos días después del momento exacto de la luna nueva.

El primer día de luna nueva es un momento ideal para festejar la unión de parejas. También es ideal para una primera cita. Y es aún más propicio hacerlo en las últimas dos horas de luz diurna, cerca del atardecer. En luna nueva empiezan y se consagran las historias de amor que durarán mucho tiempo.

Como la luna nueva facilita la mirada hacia dentro, es el momento de observar lo que te dice tu interior. Este es un momento de siembra, donde hay que sembrar adentro lo que deseamos ver florecer afuera. Darte un momento para sintonizar con las emociones que quieres en tu vida puede ser una gran inversión a tu bienestar. Como el Sol y la Luna salen juntos por las mañanas, en ese momento vale la pena que visualices lo que deseas y sintonices con las emociones que quieres atraer a tu vida. Lo ideal, si no tienes un propósito claro, es centrarte en la gratitud. Porque la gratitud nos bendice y nos pone en un estado ideal para recibir cosas buenas. Agradece lo que ya tienes y siente esa emoción. Esa es una clara semilla que atraerá más cosas por las cuales dar las gracias a lo largo del ciclo lunar.

En luna nueva los líquidos están abajo; en las plantas, por ejemplo, la fuerza se concentra en las raíces. La Luna irá ganando luz y subiendo los líquidos que transportan la nutrición indispensable para el crecimiento. Lo mismo sucede con la fuerza interior.

En esta fase, al mediodía, cuando la Luna está en el zenit, junto al Sol, se pueden firmar contratos y hacer mudanzas, para que en el futuro te traiga beneficios laborales, sociales o económicos.

Secretos de la luna nueva...

Toda realidad se gesta primero adentro. Se gesta una nueva etapa, que debe germinar adentro para reflejarse afuera.

El vacío contiene el máximo potencial. La luna nueva es como un nido vacío, o como una nueva libreta para escribir. Es el momento de empezar nuevas rutinas y de marcar la tendencia que quieres que defina tu día a día.

El inicio siempre marca la tendencia general. Los fractales nos indican que si influimos el comienzo de un ciclo estamos determinando la tendencia general de todo el ciclo.

Fase ideal para...

• **Pactar uniones (casarse, iniciar una relación)**

• **Aprovechar la reconexión interior**

• **Iniciar hábitos saludables**

• **Visualizar tus metas, hacer una lista de objetivos por cumplir**

Luna luminante - Crecimiento

La fase luminante se inicia cuando la Luna se encuentra a 45° del Sol, tres días y medio después de la luna nueva. Tiende a generarse una agradable sensación que se debe al aumento de la energía. La sensación de que el ciclo que se inicia puede traer algo nuevo e interesante.

Por más que el nombre «luna nueva» evoca un nacimiento, la Luna acaba de empezar a aumentar su luz, un poco cada día. Un día después de la fase luminante, tenemos el primer momento propicio del ciclo. El sextil en creciente que anuncia buenas oportunidades disponibles.

Es un momento propicio para lanzar proyectos, productos, hacer reuniones, planear acciones futuras, tener una conversación importante, etc. Todo lo que quieras que crezca naturalmente, impulsado por la fuerza lunar, es bueno empezarlo en este periodo.

La luna luminante devuelve la vida a la naturaleza, todo despierta. Las aguas llenas de vitalidad empiezan a subir. Todo es más nutritivo y las vitaminas se aprovechan mejor. Es el momento de nutrir tus metas también, invirtiendo tiempo y energía. Visualizándolas y pasando a la acción práctica.

Secretos de la fase luminante...

La manifestación ama locamente a la acción. Es en esta fase cuando tus acciones adquieren mucha relevancia. Este es el momento de invertir activamente en tus metas.

Cuando la Luna sube, todo sube. En este momento se empieza a sentir cómo suben la motivación, el deseo y la voluntad. ¡Aprovecha el impulso!

Cuando la Luna se empieza a ver en el cielo después de haberse escondido por unos días, vuelve renovada. Como todo a lo que se da un descanso en esta vida.

Fase ideal para...

• **Tomar acción para avanzar con tus metas**

• **Aprovechar las oportunidades que surgen**

• **Continuar con los hábitos saludables que incorporaste en luna nueva (o iniciarlos ahora)**

• **Nutrir tu cuerpo, tu piel, tu cabello; hacer tratamientos reconstituyentes o nutritivos**

Cuarto creciente - Enfoque

En cuarto creciente, la Luna ya está iluminada por la mitad y brilla alta en el cielo al momento del atardecer. Eso da más energía a las tardes y se trata de un buen momento para planear actividades vespertinas, entre las seis y las ocho de la tarde, ya que con la Luna alta a esa hora todos están más activos y receptivos.

**El crecimiento conlleva adaptación a lo nuevo.
El crecimiento no es fácil. Todos queremos crecimiento, aunque no siempre somos conscientes de lo que requiere. Y requiere que nos adaptemos a una nueva situación, lo cual puede incomodar.**

La fuerza lunar y la fuerza solar se anulan entre sí, por lo que se experimenta un momento estático. Cualquier publicidad tendrá menos efecto en cuarto creciente (y menguante). Es como si por un día la Luna contuviera la respiración.

En el mar, el claro indicador de la atracción lunar, baja la actividad: hay mareas muertas, la mínima diferencia entre marea alta y baja. El impulso se estanca para permitirnos analizar nuestros planes y observar si es necesario hacer ajustes.

En cuarto creciente, llega menos trabajo, hay menos ventas y, en general, hay un estancamiento de la actividad. Por lo tanto, se aprovecha observando qué debe ser corregido, atendido y planeado para ser realizado en la próxima fase. Este estancamiento se desvanece un día y medio después del momento exacto del cuarto creciente y es cuando todo empieza a fluir más rápido. Actuar en cuarto creciente no es lo más indicado. Aunque dos días después del cuarto creciente y aún en esta fase, tenemos el día más propicio del mes: el trino en creciente es ideal para todo lo que quieras ver fluir con más fuerza en tu vida. Inversión de dinero, lanzamiento de proyectos, reuniones, publicidades, conocer personas.

Aquí es donde empiezas a sentir mayor intuición e inspiración que deben ser dirigidas para aprovechar la gran energía que se activa en la siguiente fase hasta la luna llena.

El cabello cortado en cuarto creciente tiende a mejorar mucho su calidad, especialmente en Leo y Virgo (ver sección del cuidado del cabello).

Secretos...

Antes de un gran crecimiento, hay un momento de estancamiento. Simplemente es parte de los ciclos naturales. Observa cómo te sienta este momento y considera que es natural que todo pare por un día o dos.

Esta fase se divide en dos: cuando se inicia, todo para; dos días después, con el trino en creciente, todo fluye.

Cualquier gran inicio es como un parto, cuesta. Cada vez que empiezas algo nuevo lo más probable es que te parezca incómodo y complicado. Todo lo que aprendiste fue un proceso de errores. De esa forma, por ejemplo, aprendiste a caminar. Lloraste, te frustraste, y hoy lo haces como si fuera lo más natural del mundo. Lo nuevo siempre cuesta, pero vale la pena. Cuando dejamos de aprender, empezamos a envejecer. Acepta la frustración como parte natural de cualquier inicio, tómala como un juego, y cuando menos te lo esperes, sentirás que fluyes de forma natural.

Fase ideal para...

- **Tomar decisiones**

- **Planear cómo se aprovechará la siguiente semana** (será la más activa de todo el ciclo)

- **Cortar el cabello**

- **Aprovechar el momento propicio** (trino en creciente) para inversiones, publicaciones y publicidades

Luna gibosa - Expansión

En fase gibosa, se acelera el ritmo natural y llega la intensidad previa a la luna llena. Estos tres días y medio son los más activos del ciclo cunar; todo se agita y las plantas crecen rápidamente.

La Luna ya está muy luminosa y se puede observar saliendo por el este, al atardecer. En esta fase, las emociones están a tope y también la actividad humana en general: crece la interacción, las ventas, las actividades sociales. Considera que la Luna se acerca a la oposición con el Sol. Cuando esto sucede, es como cuando inhalaste y ya no entraba más aire. Todo se llena, se intensifica, fluye con más rapidez, hasta llegar a la culminación.

Este es el momento donde se empiezan a ver los resultados, ya que todo culmina y da frutos.

> Puede existir algo de nerviosismo, puesto que todo se agita; y es más difícil dormir temprano, dado que la Luna sale por la tarde e ilumina las noches.

Secretos...

El pico intenso y acelerado característico de la luna llena sucede en esta fase previa. A partir de la luna llena, la energía empezará a disminuir.

Ahora es cuando todo tiene mayor exposición: cualquier publicidad surte más efecto porque todos están más despiertos y receptivos.

Empiezan a llegar los resultados. Si quieres saber que invertiste, observa qué culmina.

Fase ideal para...

• Ventas, promociones, eventos sociales (especialmente nocturnos)

• Hacer terapia (somos más conscientes y tenemos más claridad)

• Festejos y celebraciones

• Esta fase tiende a sacar a flote lo desconocido, por lo que es muy buena para la investigación en general

No son recomendadas: cirugías, citas con el dentista o tratamientos que impliquen dolor o incomodidad, ya que todo se siente más y en general hay mayor sangrado. Especialmente en esta fase y la siguiente.

Luna llena - Plenitud

En fase llena, la Luna llega a su máximo de iluminación y cambia de tendencia, pasa de crecer a menguar, de quincena clara a quincena oscura. La luna llena es momento de culminación de proyectos, de logros, frutos que se cosechan. Por lo tanto, es momento de celebración. Por más que todo en la naturaleza tiende a estar más receptivo y fértil, no es momento indicado para casamientos, compromisos o acuerdos. Esto se debe a que la energía es disruptiva, de cierres, finales.

Son más comunes los dolores de cabeza, el nerviosismo y cualquier condición que esté presente (un dolor de muelas, una infección, etc.) tiende a intensificarse al máximo hasta el momento de la luna llena para empezar a mejorar después, cuando la Luna empieza a perder luz.

En luna llena todo se intensifica y es natural tener más dificultad para dormir. La Luna está en el zenit a medianoche, tira con todo de la Tierra agitando las aguas del mar y tus aguas interiores.

Esta fase lunar muestra lo que normalmente no vemos, también nuestros achaques, nuestros conflictos, nuestras emociones profundas. En luna llena, la noche se parece un poco más al día, la luz ilumina las sombras y los secretos pueden salir a la luz. Esto tiene que ver con una mayor interacción del consciente con el subconsciente, donde las cosas que profundamente se intuían surgen a la superficie del plano consciente. La intuición habla más fuerte.

> Las actividades realizadas en luna llena siempre tienden a salir a la luz, por lo tanto, uno pasa menos desapercibido. Esto se aprovecha para dar exposición a aquello que lo requiere.

En luna llena hay más accidentes de tráfico, más crímenes y en general más conflictos. Simplemente porque el ánimo humano, exactamente como el mar, se acelera y se intensifica. Somos más reactivos y tendemos a actuar sin pensar.

> Como es un momento de corte, tiende a ser excelente para dejar atrás adicciones o situaciones que ya no se quieren en la propia vida.

Puede causar confusión el hecho de que las celebraciones son buenas en esta fase mientras que los matrimonios no. Las celebraciones son clásicas en los finales, como fin de año o el final de curso. Mientras que celebrar una alianza en este momento no es indicado, ya que la Luna anuncia un cierre más que un inicio.

Secretos de la fase luminante...

La luna llena representa finales, cierres, culminación. Si algo se acaba es porque se tiene que ir. Aprovecha para dejar malos hábitos.

Así como la luna llena se expone en el cielo nocturno, lo que pasa en luna llena siempre llama más la atención. Evita lo que no quieres exponer y enseña todo lo que sí.

Lo que surge en luna llena es el resultado de tus acciones o la falta de ellas.

Fase ideal para...

- Dejar malos hábitos
- Promociones, publicidades, publicaciones
- Celebraciones y reuniones sociales
- Investigar, aclarar, descubrir lo que se desconoce

Luna diseminante - Relajación

En fase diseminante se acentúa el descenso de luz lunar que se inició después de la luna llena. Se siente alivio, como cuando terminaste un maratón, y aún estás algo confundido por la fuerte actividad de los últimos días.

Existe una relajación justo a partir del momento de la luna llena, ya que es en ese momento cuando comienza la quincena oscura. Mientras la relajación plena se siente tres días y medio después, cuando la Luna ya disminuye un poco más su luz. En este punto del ciclo, la Luna sale a medianoche y se encuentra en el zenit a las tres de la mañana, por lo tanto, a las personas muy sensibles a la Luna les cuesta dormir en esas horas que acompañan el paso de la Luna por lo más alto del cielo.

Probablemente les entre sueño temprano y se despierten alrededor de las tres de la mañana para retomar el sueño ya en la madrugada. Hay mucha actividad subconsciente y menos actividad consciente. Las personas tienden a estar

Existe una relajación
justo a partir del
momento de la luna
llena, ya que
es en ese momento
cuando comienza
la quincena oscura.

más cansadas debido a la falta de sueño profundo, no a la agitación de la semana entre cuarto creciente y luna llena.

La Luna también da resaca. Los días siguientes a la luna llena se experimenta lo que yo llamo «resaca de luna llena». Como la intensidad empieza a bajar, estamos más cansados y algo aturdidos por el gran movimiento de los últimos días.

> Esta fase es donde se puede hacer un balance
> de la situación: qué se ha logrado y qué necesita
> más trabajo. Qué situaciones requieren mantenimiento.
> A partir de esta fase, empieza un excelente momento
> para el cuidado personal.

En esta fase sucede el segundo excelente momento propicio del ciclo lunar, el trino en menguante, cinco días después de la luna llena. Este momento es ideal para relajarse a solas o en compañía, y para todas aquellas terapias o actividades que te permitan bajar revoluciones y desechar el estrés. También es ideal para cerrar los ciclos que no se cerraron en luna llena, así como para perdonar, sanar heridas emocionales y consultar con un médico o especialista.

Secretos de la fase luminante...

Los ciclos naturales alternan entre acción y relajación, entre productividad y mantenimiento, y ahora empieza la etapa de bajar las revoluciones, relajarse y cuidar el cuerpo, la casa, la vida.

Despertarse a las tres de la mañana «de la nada» puede finalmente tener sentido. Entre las fases diseminante y cuarto menguante, despertamos cada día más cercanos al amanecer por el tránsito de la Luna en el zenit a esas horas de la madrugada.

El éxito de tus metas y proyectos no se basa solo en actuar, también en darte espacios de relajación y cuidado personal.

Fase ideal para...

- Relajarte y disminuir el estrés
- Aprovechar el momento propicio para citas con especialistas, terapeutas o médicos
- Observar qué resultados o cuestiones surgieron durante la última semana
- Cuidado personal

Cuarto menguante - Conclusión

En cuarto menguante, la naturaleza se toma una pausa y se generan nuevamente mareas muertas en el océano. Esta pausa a veces es percibida como darse cuenta de algo y tener que tomar decisiones.

Si algo llegó a su fin en luna llena y no se soltó, es ahora donde se siente la necesidad de soltarlo con más fuerza.

Como es un momento de corte, también se usa para realizar acciones que requieren una conclusión: es un buen momento para cirugías que tengan que extirpar un cáncer, por ejemplo, o sacar una muela. Este es el momento del mes donde hay menos sangrado en general, por lo tanto, menos riesgo de hemorragias.

El cuarto menguante llama a la purificación y a hacer espacio.
Llama a la reflexión. A la introspección.

Secretos...

Saber decir «no» es tan importante como decir «sí». En esta fase, desechas las «células muertas» y haces espacio para otras llenas de nueva vida.

Es el momento del mes donde se sangra menos, esto ayuda a que las cirugías sean menos arriesgadas.

Es el momento ideal para tomar decisiones. Todo está más tranquilo y eso genera claridad.

Fase ideal para...

• **Sacar conclusiones. Esta fase es un puente entre lo que pasó y lo que viene**

• **Cirugías**

• **Tomar un momento para ti**

• **Desechar lo que no sirve**

Luna balsámica (negra) - Purificación

La última fase del ciclo, también llamada «luna negra»,[17] aunque algunos consideran la luna negra como la fase más intensa dentro de la fase balsámica.

La fase balsámica se inicia cuando la Luna está a 45° de distancia del Sol, técnicamente se considera luna negra cuando la Luna ya está a un arco de 30° con respecto al Sol. Prácticamente, la luna balsámica dura tres días y medio y la luna negra son los últimos dos días de fase balsámica antes de la luna nueva. Aunque luna negra y fase balsámica se utilizan también como sinónimos.

Soltar es tan primordial como abrazar, porque no puedes abrazar si tienes los brazos ocupados en sostener lo que ya fue. Recuerda que sin la oscuridad de la oruga no habrá luz para la mariposa.

La Luna ya se encuentra muy cercana al Sol y representa una unión entre mente y emoción. Es un momento donde todos son más conscientes de las propias emociones profundas. Este descenso en la luz de la Luna hace que todo baje y se purifique, por lo tanto, todas las emociones no procesadas durante el mes lunar salen a relucir.

Basta observar el propio estado emocional para saber cómo se gestionaron las emociones y el cuerpo físico en las últimas cuatro semanas.

Para comprender mejor esta fase, toma una profunda inhalación y exhala todo el aire y toma una pausa con los pulmones vacíos. El vacío puede generar algo de ansiedad. En general, el vacío da miedo. Pero es una fase necesaria de cualquier ciclo.

Muchas personas tienen que hacer cuentas con el cansancio o la tristeza acumulados durante el ciclo. Lo mismo que les sucede a las mujeres en la fase premenstrual, se cierra un ciclo hormonal, el cuerpo se limpia y los desequilibrios acumulados salen a relucir.

La Luna cierra su ciclo e invita a purificar las aguas, las emociones, las experiencias pasadas.

Esta fase es ideal para terapias de purificación y desintoxicación. Se genera más espacio; la siguiente luna nueva, que no tardará en llegar, tiene más potencial.

Secretos...

Cuando la Luna «baja» por completo, el agua baja y todo se expone. Imagina un depósito de agua, cuando se vacía todos los sedimentos quedan en el fondo y hay que limpiarlos.

El cielo también tiene un síndrome premenstrual, o un momento crítico de limpieza, y así la naturaleza y todo lo que contiene.

El vacío es como una muerte, da mucho miedo, y aun así contiene el máximo potencial y es una fase necesaria de todos los ciclos.

Fase ideal para...

- Relajarte y descansar

- Hacer espacio

- Procesar tus emociones; observar qué surge y aceptarlo

- Prepararte para el nuevo ciclo que viene, la Luna está por renacer

Recursos para conocer la fase lunar

Existen muchas fuentes para rastrear la fase lunar y la mayoría solo te indicarán las cuatro fases principales, mientras algunas indican también las ocho fases astrológicas, así como el horario de salida y puesta de la Luna, el signo zodiacal lunar, etc.

Sítios web ⊕

www.lunalogia.com
Cada año publico el LUNARIUM, un calendario lunar gratuito con mucha información acerca del ciclo lunar, superlunas, perigeo, eclipses, días para cortar el cabello, días propicios, etc. Lo encontrarás en mi sitio web con descarga gratuita. (www.lunalogia.com/lunarium)

Aplicaciones para 🤖

Daff Luna es una aplicación gratuita que muestra la fase lunar actual, las fases de la Luna para cualquier mes, así como información en tiempo real acerca de la Luna, el Sol y los demás planetas. Indica el perigeo de cada mes, que puede volverse muy útil para saber cuándo estará la Luna cerca de la Tierra.

La vida diaria con el calendario lunar es una bonita aplicación con muchísima información acerca de la Luna. Tiene un calendario lunar muy funcional, lista de fases y eclipses, así como consejos útiles.

The Moon Calendar es una aplicación muy sofisticada estéticamente que ofrece calendarios lunares y la información de cada día, aunque está en inglés.

Aplicaciones para ⒤ₒₛ (iPhone y iPad)

Mi Fase Lunar es una aplicación gratis para rastrear el calendario lunar. Tiene un diseño elegante y oscuro que facilita la visualización de la información, como el ciclo lunar actual, las horas de salida y puesta de la Luna, así como datos adicionales como cuándo será la próxima luna llena.

Fase Lunar es una aplicación gratuita que proporciona las horas exactas de las fases de la Luna, su porcentaje de brillo y mucho más.

EL DÍA LUNAR
O CICLO DE MAREAS

Cuando la Luna llega al punto más alto del cielo, tira con más fuerza de la Tierra y se genera la marea alta. Este es el efecto más visible de su fuerza gravitacional, pero existen otros efectos que suelen pasar desapercibidos. Por ejemplo, cuando la Luna transita en lo más alto del cielo, también sube nuestra energía.

La Luna sale 50 minutos más tarde cada día.
El ciclo de mareas dura 24 horas y 50 minutos porque
equivale al día lunar. Cuando la Luna se encuentra en
el zenit o en el nadir, la marea es alta. Mientras que,
cuando la Luna se encuentra ascendiendo por el este
u ocultándose por el oeste, la marea es baja.

Su tránsito por el firmamento tiene también un efecto en el nivel de energía. Especialmente cuando la Luna toca el meridiano (zenit), cuando nos activamos y nos cuesta más dormir. Muchos estudios acerca del sueño y de la Luna tienen en cuenta la luminosidad del satélite, no su posición con respecto al lugar geográfico. Vale la pena enfatizar que es la posición de la Luna sobre el horizonte lo que determina si la marea es alta o baja, no su fase o cantidad de luz.

La Luna en lo alto del cielo, levantando la enorme masa de agua de una marea, es toda una declaración de fuerza. Somos fundamentalmente agua, por lo tanto, nuestra agua y todos los líquidos de la Tierra siguen el ritmo de la Luna. Personalmente, me declaro una criatura lunar, que se activa y se relaja según el tránsito de la Luna por el firmamento, como la marea.

Basta un poco de observación para descubrir que cuando la Luna está en el zenit tendemos a activarnos y despertarnos. Como la Luna llega a lo más alto del cielo cada día 50 minutos más tarde, lo hará a diferentes horas según la fase lunar. Por ejemplo, la luna llena toca el zenit a medianoche, y en fase diseminante, a las tres y media de la mañana. Estos suelen ser los días donde nos despertamos de noche sin saber por qué. Tres días más tarde, en cuarto creciente, la Luna está en el punto más alto del cielo a las seis de la mañana, y es cuando menos nos cuesta levantarnos temprano.

En astrología electiva (la rama de la astrología que se dedica a elegir los momentos más indicados para cada actividad), la Luna en el zenit es un momento muy propicio. Las acciones que tienen como fin llegar a una gran audiencia, realizadas cuando la Luna está en zenit, tienen más repercusión. Publicidades, publicaciones, comunicaciones… llegan con más contundencia cuando son lanzadas debajo de una Luna en el zenit.

Cuando entramos en territorio astrológico, hay muchas variables, ya que las interacciones entre estos pueden amplificar o disminuir sus efectos. El claro ejemplo es el de la Luna y el Sol, que en los cuartos lunares anulan sus influencias por estar a 90° de relación. En las mareas muertas, que suceden en estos días del mes, la Luna en el zenit (conocida como «medio cielo» en astrología y abreviado como MC) atrae hacia arriba las aguas mientras el Sol sobre el horizonte las aplana. Hay una doble fuerza contraria entre sí. Por ejemplo, en luna nueva y en luna llena esa fuerza fluye libre. Los «aspectos», nombre que damos en astrología a la relación entre planetas, funcionan de la misma forma. Aunque vale la pena considerar que una Luna en el zenit siempre ayuda a que tu voz se oiga, tu palabra se lea, tu mensaje sea ampliamente recibido. Es ideal para el trabajo o para cuestiones sociales, como subir información o imágenes a tus redes, etc.

Hora de la luna en el zenit según la fase lunar

Fase lunar	Hora
Luna nueva	12 p. m.
Luminante	3 p. m.
Cuarto creciente	6 p. m.
Gibosa	9 p. m.
Luna llena	12 a. m.
Diseminante	3 a. m.
Cuarto menguante	6 a. m.
Balsámica (negra)	9 a. m.

EL CICLO ANOMALÍSTICO

Una vez al mes, la Luna tiene su punto de máximo acercamiento a la Tierra. Cuando lo hace, se ve más grande, es más luminosa y se siente más. Solo que este poderoso momento, se dice más abajo, suele pasar desapercibido.

Como la órbita lunar no es circular, sino más bien elíptica, nuestra Luna se acerca y se aleja de la Tierra rítmicamente. Cada 27,5 días cumple un ciclo anomalístico que equivale al alternarse entre su máxima cercanía y lejanía de la Tierra. El nombre de este ciclo deriva de «anómalo», ya que no siempre se acerca y se aleja la misma distancia: ciertos años se acerca más, mientras otros menos, completando un ciclo de variaciones cada nueve años. El momento de mayor cercanía se conoce como «perigeo» y se alterna con el máximo alejamiento, conocido como «apogeo». Cuando se encuentra muy cerca de la Tierra tiene mayor atracción gravitacional y su influencia aumenta. Según Ken Ring, autor del libro *The Lunar Code*,[18] el efecto del perigeo es muy similar al de la luna llena.

> Cada año, el perigeo coincide con dos lunas nuevas y dos lunas llenas y tenemos superlunas.

El perigeo es como una luna llena oculta, ya que a simple vista no se puede detectar, mientras la cercanía de la Luna causa una sensación de aceleración e intensidad muy similar a la de la luna llena. En estudios previamente citados[19] que demuestran la correlación entre los tránsitos lunares y el trastorno bipolar, se determinó que el perigeo influye en los cambios de humor, especialmente en los momentos en que perigeo y luna llena o nueva coinciden. El perigeo es un momento de culminación, clímax, excitación, interacción y mayor actividad, simi-

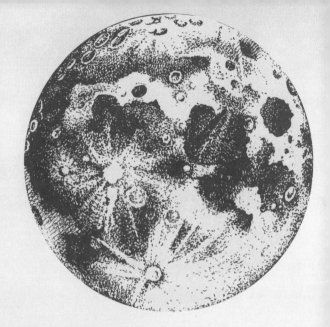

lar a la luna llena. En ese momento suben las ventas, las comunicaciones, la exposición y en general, la actividad humana y natural.

Si quieres potenciar la promoción de un producto o proyecto o publicar algo que llegue a un número superior de visualizaciones, usa el día del perigeo. Es ideal también para hacer ofertas de productos y servicios, desde uno o dos días antes, ya que suelen subir las ventas.

Superluna

Cuatro veces al año, el perigeo coincide con la lunación y tiene lugar un fenómeno conocido como «superluna», donde hay una luna llena o nueva que se transforma en una superluna, por su efecto amplificado. En las dos superlunas llenas que tenemos cada año, podemos apreciar un disco lunar un 14 % más grande y una atracción gravitacional intensificada. Son momentos de mucha claridad e intensidad. Ideales para aprovechar a tu favor. En superlunas nuevas se dan grandes inicios y en superlunas llenas, grandes cosechas.

EL ZODIACO

El zodiaco es el ritmo del ciclo del Sol a lo largo del año desde la perspectiva terrestre. Sus fases marcan los signos, que a diferencia de lo que comúnmente se cree, no son las constelaciones. Aquí es necesario hacer una diferenciación entre el zodiaco tropical y zodiaco sideral. La astrología oriental o sideral se basa en las doce constelaciones y considera el desplazamiento lento gradual y continuo de las constelaciones zodiacales vistas desde la Tierra, debido a la precesión de los equinoccios.[20]

La astrología védica es uno de los ejemplos más conocidos de astrología sideral. Mientras que en occidente la astrología conocida y practicada es tropical y se basa en los signos marcados por el Sol, a lo largo de las estaciones. Durante los equinoccios, el Sol transita por el ecuador celeste, mientras en los solsticios transita por los trópicos de Cáncer y Capricornio de la esfera celeste. Por eso se le llama astrología tropical, porque el zodiaco se basa en el movimiento del Sol desde el ecuador a los trópicos, lo que da vida a las estaciones del año, un ritmo cósmico invariable.

Hay que considerar que las constelaciones no se pueden dividir todas iguales, ya que algunas son más largas y otras más cortas. Por lo tanto, la división del zodiaco en doce signos de 30° cada uno pierde el sentido en un sistema sideral. La astronomía considera el sistema sideral y no tropical, y esto puede causar confusión cuando observas el cielo y usa las constelaciones como referencia. Por ejemplo, si usas una aplicación de astronomía para ver el cielo, puedes ver la Luna en el signo de Libra, pero en astrología tropical transita el signo de Escorpio.

El nombre de los signos, tomados de las constelaciones, deriva probablemente del hecho de que se usaron las constelaciones como referencia en un momento donde ambas, constelaciones y signos, coincidían.

Muchas veces, circulan noticias acerca de que la astrología está equivocada, ya que en el equinoccio de primavera el Sol no se encuentra en el 0° de Aries. Esto es verdad para la astrología sideral, mientras que, para la astrología tropical, es el equinoccio de marzo lo que marca justamente el comienzo del año astrológico, por lo que siempre está, estuvo y estará en el 0° de Aries. Esto también responde a ese dilema del decimotercero signo zodiacal, llamado Ofiuco. La constelación de Ofiuco se sitúa entre Escorpio y Sagitario, y se argumenta que habría que hacer espacio y darle el lugar de signo número trece. Esto rompería con la regla cósmica perfecta, donde todo está en orden y todo tiene un motivo de ser. Las estaciones son cuatro y cada una tiene tres fases, por lo mismo tenemos doce meses, doce signos, doce horas, etc.

Podría agregar para concluir que existe la idea de que nuestro calendario fue alterado y seguramente lo fue.

Pero la naturaleza es clara y no engaña: hay cuatro momentos al año donde el Sol da inicio a una estación, de forma rítmica y perfecta. Puedes argumentar que el verano no parece iniciarse en el mismo momento, pero la estación no la marca simplemente el clima, sino la inclinación del Sol a lo largo del año. El zodiaco tropical, que deriva de las estaciones, se basa en la inclinación de la luz solar, que marca el ritmo cósmico y natural de la vida.

Vale la pena añadir que tanto la astrología sideral como la tropical usan sistemas válidos y ambas funcionan. Se utilizan técnicas diferentes y ambas son correctas.

Las variaciones en la luz y la energía dan vida a un sistema extremadamente detallado que ordena todas las manifestaciones de la naturaleza, llamado «astrología». El papel de la Luna en este orden es primordial: ella rige nuestras emociones, nuestras necesidades, nuestros impulsos y nuestro lado animal. Si el Sol en astrología representa algo que anhelamos conquistar, nuestra identidad única, la Luna representa nuestra naturaleza instintiva, impulsiva y algo incontrolable. Casi todos conocen su signo zodiacal, que se refiere a la posición del Sol en el zodiaco en el momento en que nacieron. El Sol indica la identidad que tratamos de construir, mientras la Luna indica lo que ya somos. Conoce la luna natal de una persona y sabrás qué necesita, qué la hace sentir amada, qué le da estabilidad y cómo cuidarla. Conoce tu luna natal y conocerás tus instintos.

Ubica el zodiaco

Si miras al horizonte, por donde sale el Sol por las mañanas, estás mirando al este. Traza una línea imaginaria a lo largo del cielo hasta donde se pone el Sol por las tardes, el oeste. Imagina que ese medio círculo continúa más allá del horizonte formando un círculo completo alrededor de ti.

Ese círculo se conoce en astronomía como «eclíptica» y el zodiaco es una banda con la línea eclíptica en el centro. Es como una autopista donde transitan los planetas. Es larga, 360°, y amplia con 16°, 8° a cada lado de la línea eclíptica.

Los grados son simplemente una unidad de medida, considerando que un círculo posee 360° de amplitud. Aries es una porción de la «pista» del zodiaco tan larga como 30°, luego está Tauro que posee los siguientes 30°, luego viene Géminis y así sucesivamente hasta completar los 360° con 30° para cada uno de los doce signos del zodiaco.

Todos conocemos el modelo del reloj circular de doce horas con manecillas. Pocos, en cambio, conocen que ese modelo fue tomado de los antiguos «relojes» astrológicos, que, en lugar de poseer manecillas para las horas, minutos y segundos, tenían manecillas para el Sol, la Luna y los planetas. El zodiaco es como un reloj de doce horas y en lugar de horas tiene grados, signos y planetas que se mueven cada uno a su propio ritmo.

EL TRÁNSITO DE LA LUNA POR LOS SIGNOS DEL ZODIACO

Se conoce como ciclo lunar sideral el periodo que tarda la Luna en recorrer los 360° del zodiaco y equivale a 27,3 días. La Luna transita de media dos días y medio en cada signo. Esta medida es aproximada debido a que la Luna, en su órbita elíptica, se aleja de la Tierra y se acerca a esta constantemente. Cuando está más cerca, es más veloz, y cuando está más lejos, transita más lenta. Por lo tanto, la Luna a veces recorrerá un signo en poco más que dos días y otras veces tardará casi tres días en transitarlo. De media, la Luna avanza 13° 11' al día y tarda dos horas en recorrer cada uno de los 360° del zodiaco.

VELOCIDAD DE LA LUNA POR EL CIELO:

Recorre:
1° cada dos horas
13° al día
360° en 27,3 días

El tránsito de la Luna en los signos del zodiaco marca el ritmo emocional, el impulso de fondo, el clima interior. Conocer su tránsito nos permite planear mejor nuestras acciones y comprender las variaciones en nuestro humor y nivel de energía. Si llevas un registro de tus estados y reacciones (o de los demás), verás que hay una tendencia que se repite, y cuando la Luna transita un signo específico, tendemos a reaccionar de una forma determinada.

> **La Luna es como nuestra antena emocional y sus tránsitos en los signos generan estados de ánimo tan profundos como imperceptibles para la gran mayoría. Si observas atentamente, lo descubrirás. Es como la música de fondo que suena entre el ombligo y el corazón.**

Así como la música, hay canciones que te generan calma y otras que te agitan. De la misma forma las fases lunares pueden agitarte o calmarte y esto suele ser diferente para cada persona.

Esto no se descubre hasta que no se observa detenidamente. Yo, por ejemplo, tengo Luna en Cáncer y, cuando la Luna transita por Cáncer, siempre entro en un estado muy similar al del síndrome premenstrual (explicaré en detalle este factor en la sección del retorno lunar). Mi energía se limpia y se renueva, así que necesito dormir más y tomar más agua. También estoy más sensible.

He observado durante años a personas cercanas y, cuando llevas un registro de determinados estados de ánimo y reacciones particulares (las reacciones instintivas son lunares), te das cuenta de que la correlación con la Luna en tránsito por los signos del zodiaco es impresionante.

Podemos considerar que la influencia de la Luna tiene un efecto general. Por ejemplo, la Luna transitando en Leo llena los restaurantes, mientras la Luna transitando en Cáncer aumenta las entregas a domicilio porque nadie quiere salir de casa.

Existe también un efecto personal, diferente para cada uno. Y la única forma de descubrirlo es llevar un registro. Lo ideal es observar nuestros estados de ánimo y los de las personas que amamos, ver cómo reaccionan a cada tránsito y tomar nota. El efecto personal depende de la configuración astrológica de nacimiento, o sea, de su carta natal, mientras que el efecto colectivo depende también de la configuración astrológica colectiva, o sea, de cómo está el cielo del momento. No se siente igual una luna llena en Aries que un cuarto menguante en Aries, etc.

Cuando observes los tránsitos de la Luna en los signos del zodiaco, verás un clarísimo patrón. Llevar un registro de dónde está la Luna y cuáles son tus reacciones impulsivas y el estado emocional y los de quienes te rodean puede ser muy esclarecedor.

PARA ELLO SOLO NECESITAS:

1 Observar las reacciones y el estado emocional general. Usa tu consciencia para observarte y observar a los que te rodean.
2 Saber en qué signo está transitando la Luna.
3 Tomar nota de ambas cosas.

Al cabo de unos meses, podrás observar los patrones repetitivos y podrás prever tus reacciones y las de los demás.

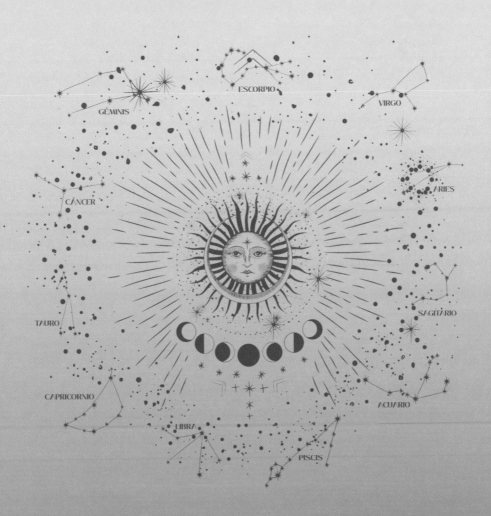

TRÁNSITO LUNAR POR SIGNOS

TRÁNSITO DE LA LUNA EN
ARIES

Ve a cazar tus sueños

Cuando la Luna transita este signo de fuego, somos más valientes y directos. Actuamos sin pensar y tenemos más motivación. Se aprovecha invirtiendo en nuestras metas y llevando a cabo esas acciones que nos cuestan un poco más. No es indicado para mediaciones o conversaciones difíciles, porque todos los involucrados querrán tener razón y pueden entrar en conflicto.

TRÁNSITO DE LA LUNA EN
TAURO

Disfruta la vida

Cuando la Luna transita por el signo más hedonista, somos más sensuales, perezosos y orientados al placer. Tendemos a aferrarnos a nuestras cosas e ideas. Es un momento ideal para reuniones que supongan disfrutar y para tomar decisiones que tengan que ver con la economía o la estética. Aunque no es un buen momento para cambios.

TRÁNSITO DE LA LUNA EN
GÉMINIS

Conecta con tu tribu

Cuando la Luna transita por Géminis, somos más comunicativos y curiosos. Conectamos más con vecinos, amigos, hermanos. Chateamos y hablamos más por teléfono compartiendo más información. Es ideal para estudiar, investigar, conocer personas, escribir. No es un buen momento para estar callados, todos hablan más. Tampoco suele ser un momento para tomar decisiones, porque no hay tanta decisión.

TRÁNSITO DE LA LUNA EN
CÁNCER

Honra tu casa, tu cuerpo y tu círculo íntimo

Cuando la Luna transita por su propio signo, queremos rodearnos de afectos o quedarnos en la comodidad del hogar. Nos orientamos hacia la nutrición, la protección y hacia lo conocido. Es un momento ideal para cenas familiares o un plan hogareño y en el que estés rodeado solo de los más íntimos. No es un buen momento para cualquier actividad que conlleve exposición social o para tratar temas algo dramáticos.

TRÁNSITO DE LA LUNA EN
LEO

Conecta a través de tu naturaleza única

Cuando la Luna transita Leo, hay más ganas de expresarse y salir a interactuar con el mundo. Las personas publican más en redes, los bares y restaurantes se llenan. Es un momento ideal para reuniones y celebraciones. También para publicar cosas acerca de tu trabajo o proyecto. Así como también para sesiones fotográficas, muestras artísticas, obras de baile o teatro. No es un buen momento para pasar desapercibidos.

TRÁNSITO DE LA LUNA EN
VIRGO

Ordena y define lo que te hace bien

Cuando la Luna transita este signo de tierra, queremos arreglar el mundo, limpiar la casa, cuidar los hábitos y organizar nuestras vidas. Nos orientamos hacia los detalles y las mejoras. Es un momento ideal para consultas con especialistas de la salud, así como para realizar cambios que tienen que ver con mejorar nuestra salud. Tenemos más claridad acerca de cómo nos sentimos, por lo que también es buen momento para ver a un terapeuta. No es el momento ideal para reuniones de negocios o conversaciones difíciles, porque todos tienden a ser más críticos.

TRÁNSITO DE LA LUNA EN
LIBRA

Aporta belleza a tus relaciones

Cuando la Luna transita por el signo de la seductora Venus, somos más proclives a hacer felices a los demás y encontrar una forma de agradarles. Es un momento ideal para decisiones que tienen que ver con la estética y también para reuniones sociales. Ideal también para reuniones de trabajo, acuerdos legales, negociaciones y conversaciones difíciles. Aunque no es un momento ideal para conversaciones donde esperamos franqueza y sinceridad.

TRÁNSITO DE LA LUNA EN
ESCORPIO

Sigue tu instinto

Cuando la Luna transita Escorpio, se expone lo que tratamos de esconder, somos más intensos, más sinceros y más sensuales. Es ideal para una noche ardiente, así como para una charla muy sincera. También es ideal para terapias en general. En este momento sube la intuición y podemos ver con mayor claridad lo que suele pasar desapercibido. Todo se siente con más intensidad, por lo tanto, no es buen momento para situaciones delicadas que requieren objetividad.

TRÁNSITO DE LA LUNA EN
SAGITARIO

Explora tu potencial

Cuando la Luna transita por el fuego sagitariano, queremos irnos de aventura, conocer nuevos territorios, planear un viaje o tomar un curso nuevo. La Luna en Sagitario es ideal para explorar, para reuniones con fines educativos y proponer algo nuevo. No es buen momento para ser objetivos y concretos.

TRÁNSITO DE LA LUNA EN
CAPRICORNIO

Enfócate en lo sólido y concreto

Cuando la Luna transita por Capricornio, nos preocupamos más por las cuentas y la burocracia pendiente. Somos mejores estrategas y tendemos a preocuparnos de las cuestiones prácticas, la estabilidad y la economía. Es buen momento para hacer planes o acuerdos a largo plazo, para plantear cuestiones fuera de la norma o para hablar de temas emocionales y sentimentales.

TRÁNSITO DE LA LUNA EN
ACUARIO

Explora nuevos puntos de vista

Cuando la Luna transita Acuario, nos desapegamos y nos desidentificamos un poco, somos más objetivos y más abiertos. Lo nuevo se acepta mejor con la Luna en Acuario. Es un excelente momento para tratar temas difíciles. No es un buen momento para buscar compromiso.

TRÁNSITO DE LA LUNA EN
PISCIS

Comunica desde el corazón

Cuando la Luna transita por el último signo del zodiaco, todo fluye como el mar. Somos más intuitivos, más románticos, más sensibles, más profundos. Es un momento ideal para soñar con los ojos abiertos, para componer música o crear arte. También para comunicar desde el corazón. No es un buen momento para ser realistas, objetivos o hablar de planes concretos.

EL CICLO CÓSMICO

La Luna no para ni parará. Cada mes seguirá con su danza fecunda dándonos oportunidades de aprovechar la corriente cósmica que impulsa a sembrar para luego cosechar. A dar para luego recibir. A amar para luego ser amados. Es un vaivén de olas de luz que baja para luego subir y se oscurece para volver siempre a brillar al máximo.

Cada mes tenemos una luna nueva y una luna llena (raramente dos llenas o dos nuevas, más adelante te cuento). Como los signos zodiacales dependen del tránsito anual del Sol y las lunaciones de la relación con él, es fácil predecirlas. Quiero contarte aspectos acerca de cada luna nueva y llena, de qué se tratan, cómo se sienten y cómo se aprovechan. El zodiaco se basa en la variación de la

luz entre equinoccios y solsticios. El Sol entra en el primer signo del zodiaco, Aries, cada año en el equinoccio de marzo, dando inicio al año astrológico. Cuando la Luna lo alcanza, se unen y tenemos la primera luna nueva en Aries. El Sol transitará Aries durante un mes, y cuando la Luna llegue a 180° y se le oponga, siempre estará en el signo opuesto, Libra. Por lo tanto, entre el 21 de marzo y el 20 de abril de cada año, tendremos una luna nueva en Aries y una luna llena en Libra. Para que la luna llena esté en Aries, habrá que esperar aproximadamente seis meses y medio (191 días), hasta que el Sol transite el signo de Libra, a partir del equinoccio de septiembre. Yo llamo a este ciclo «ciclo de manifestación», ya que la Luna pasa de su fase de germinación (nueva) a su fase de culminación (llena). (En la parte 4 de este libro, junto con los rituales y los ejercicios de consciencia y manifestación, te contaré cómo usar el ciclo).

CADA AÑO TENEMOS ENTRE 24 Y 25 LUNACIONES, QUE PUEDEN SER:

- **Doce lunas nuevas y doce lunas llenas**
- **Doce lunas nuevas y trece lunas llenas**
- **Trece lunas nuevas y doce lunas llenas**

Como el ciclo lunar sinódico dura 29,5 días de media, doce ciclos lunares son 354 días. Restan once días para completar los 365 días del año. En esos once días, puede entrar una luna nueva o llena extra.

En ocho años, tenemos tres años con trece lunas nuevas y doce llenas, tres años con trece lunas llenas y doce nuevas, y dos años con doce lunas nuevas y doce llenas.

Básicamente si el año empieza con una luna nueva antes del 13 de enero, ese año tendremos trece lunas nuevas y doce lunas llenas. Si empieza con una luna llena antes del 13 de enero, tendremos trece lunas llenas y doce lunas nuevas. Mientras si tenemos una lunación el 13 o el 14 de enero, ese año tendremos doce llenas y doce nuevas.

Es más común tener 25 lunaciones por año que 24, las cuales se alternan de la siguiente forma: durante tres años consecutivos tenemos 25 lunaciones y el cuarto año 24. Luego, nuevamente, tenemos 25 lunaciones durante tres años, seguido por un año con 24 lunaciones, y así sucesivamente.

¿Trece Lunas?

Existe la creencia de que en un año tenemos trece lunas llenas, aunque esto no es siempre cierto. Algunos años tenemos trece lunas llenas, otros no. En realidad, para tener trece ciclos lunares en un año, el ciclo sinódico lunar debería durar, como se cree comúnmente, 28 días. En cambio, su duración varía un poco cada mes, entre 29 días y nueve horas y 29 días y diecinueve horas, con una duración aproximada de 29,5 días. (La Luna es cambiante y tú, también).

La creencia de que el ciclo lunar dura 28 días nace de la confusión con otros ciclos que realiza la Luna, como el sideral o el dracónico, que duran aproximadamente 27 días. Puede también que venga del valor medio entre el ciclo sinódico de 29,5 días y el ciclo sideral de 27,3 días, que da 28. También puede ser debido a que existen 28 «casas lunares», concepto utilizado por algunas culturas, que identifican 28 días de tránsito lunar, porque es el tiempo en el que la Luna transita todos los signos del zodiaco. Vale la pena añadir también que la astrología maya se basa en un concepto de trece lunas en un año, con ciclos de 28 días, ya que, si multiplicamos 28 por 13, tenemos 364 días, lo cual es casi un año exacto. En cambio, para tener trece ciclos lunares sinódicos se necesitan 383,5 días, ya que el ciclo lunar dura 29,5 días. Solo los años que tenemos una luna llena antes del 13 de enero, tendremos trece lunas llenas. Si en vez de eso, tenemos una luna nueva, durante ese periodo tendremos trece lunas nuevas. Mientras que si no hay lunación antes de ese periodo, tendremos solo doce lunas nuevas y doce lunas llenas. Esto se repite cada cuatro años.

LUNAS NUEVAS Y LLENAS POR SIGNO ZODIACAL

Cada signo del zodiaco representa una energía específica y las lunaciones permiten un inicio o una culminación particular cada mes del año. El ciclo de manifestación es el tiempo que transcurre entre una luna nueva de un signo y la luna llena del mismo signo, seis meses y medio después. (En la parte 3 del libro, tienes la explicación extendida con indicaciones de cómo aprovecharlo). Este ciclo indica cómo nuestras acciones, pensamientos y emociones acerca de cada ámbito de nuestra vida germinan en un resultado que se vuelve nuestra realidad. Cada luna nueva plantamos una semilla y cada luna llena cosechamos los frutos. Observar este ciclo permanente de manifestación permite generar claridad y consciencia acerca de lo consecuentes que somos con nuestros propósitos de vida. También permite acompañar nuestros procesos de creación con más amor y cuidado. Amor y cuidado, que son los fertilizantes naturales de la vida misma.

Para obtener más información acerca de qué ámbito de tu vida se estimula con cada luna llena y nueva, consulta la parte 2 de este libro, donde tienes más información acerca de qué trae cada lunación del año.

LUNACIONES DE
ARIES

Palabra clave
Autenticidad y fuerza de voluntad

Qué evitar
Impaciencia e ira

Ideal para
Conquistar nuevos escenarios, realizar metas específicas

Luna nueva en Aries

Cuándo es: entre el 21 de marzo y el 20 de abril
El primer signo del zodiaco siempre trae motivación y ganas de nuevas conquistas. La luna nueva en Aries es ideal para iniciar algo totalmente nuevo y emocionante. Sigue tu pasión y comienza un reto o planea una conquista.

Luna llena en Aries

Cuándo es: entre el 24 de septiembre y el 23 de octubre.
Aquí es donde llega la cosecha de nuestras pasiones y nuestras aventuras. La luna llena en Aries se caracteriza por ser un momento de mucha impulsividad y sinceridad. Cuidado con hablar sin pensar primero y con los arranques de ira que habrá en el aire. Celebra tus conquistas.

LUNACIONES DE
TAURO

Palabra clave
Confianza y placeres cotidianos

Qué evitar
Apego y placeres en exceso

Ideal para
Implementar bienestar, mejorar tu autoestima y tu calidad de vida

Luna nueva en Tauro
Cuándo es: entre el 21 de abril y el 20 de mayo
Con la luna nueva en el signo de Tauro, empieza un ciclo ideal para invertir en estabilidad económica y emocional, en una mejor calidad de vida y mayor autoestima. Planta semillas de amor propio y estabilidad emocional. Disfruta el día a día. Disfruta los pequeños placeres cotidianos.

Luna llena en Tauro
Cuándo es: entre el 24 de octubre y el 22 de noviembre.
Con la luna llena en Tauro, llega el resultado de cómo se administraron los recursos (gastos e inversiones), cuánta estabilidad emocional y material generas en tu vida y cómo disfrutas de los placeres que brinda la vida, si escasamente, en exceso o en un saludable equilibrio.

LUNACIONES DE
GÉMINIS

Palabra clave
Comunicación y aprendizaje

Qué evitar
Indecisión y superficialidad

Ideal para
Aprender, enseñar, publicar o comunicar

Luna nueva en Géminis

Cuándo es: entre el 22 de mayo y el 21 de junio
Cuando la Luna nace en Géminis, es un momento ideal para iniciar estudios, escritos, cursos o implementar nuevos canales por donde comunicar. También es un momento ideal para conectar con vecinos y hermanos.

Luna llena en Géminis

Cuándo es: entre el 23 de noviembre y el 21 de diciembre.
En la luna llena en Géminis tenemos la cosecha de nuestra actividad intelectual e interactiva. Llegan resultados de lo que aprendiste, lo que escribiste y lo que comunicaste. Es un momento ideal para estar activos intelectualmente y conectar con personas.

LUNACIONES DE
CÁNCER

Palabra clave
Protección y nutrición

Qué evitar
La hipersensibilidad y el drama

Ideal para
Cuidar de nuestros afectos, nuestra casa y atender nuestras necesidades

Luna nueva en Cáncer

Cuándo es: entre el 22 de junio y el 22 de julio

La luna nueva en el signo de Cáncer es un momento propicio para cuidar de tu casa, tu familia y tus necesidades emocionales. Con esta luna nueva tienes la posibilidad de sembrar mucho amor. Todo lo que amas necesita de cuidado y nutrición, empezando por ti.

Luna llena en Cáncer

Cuándo es: entre el 22 de diciembre y el 20 de enero

En la luna llena en Cáncer tenemos resultados con respecto a la administración de la casa, la familia y nuestras necesidades emocionales. Suele ser un momento de mucha sensibilidad y de reencuentro con nuestras raíces.

LUNACIONES DE
LEO

Palabra clave
Creatividad y expresión

Qué evitar
El egocentrismo y el egoísmo

Ideal para
Dar a conocer tus talentos, encontrar lo que te apasiona

Luna nueva en Leo

Cuándo es: entre el 23 de julio y el 23 de agosto
El novilunio en Leo enciende los deseos de expresar quién eres y qué te gusta hacer. Es un momento ideal para iniciar nuevos proyectos que permitan explorar tu naturaleza única. También para encontrar tu propósito, lo que te apasiona y te da satisfacción. Leo nos recuerda que también vinimos a esta vida a jugar, a brillar y a expresarnos para encontrar satisfacción.

Luna llena en Leo

Cuándo es: entre el 21 de enero y el 18 de febrero
Con la luna llena en Leo, los procesos de creación culminan y vemos el impacto que generamos en nuestro entorno con nuestra forma de ser y expresarnos. Es un momento para destacar y brillar con luz propia. Si tienes dudas de cuál es tu propósito o cuál es la mejor manera de expresarte y ser creativo, este suele ser un momento de mayor claridad para descubrirlo.

LUNACIONES DE
VIRGO

Palabra clave
Orden y sofisticación

Qué evítar
El juicio, la queja y la alta exigencia (hacia ti y hacia otros.

Ideal para
Mejorar los hábitos de salud, poner orden fuera y dentro de uno mismo

Luna nueva en Virgo
Cuándo es: entre el 24 de agosto y el 23 de septiembre
La Luna naciendo en Virgo pide un nuevo orden, más sofisticado y práctico, con respecto a los hábitos, las emociones y las responsabilidades cotidianas. Ordenar mejor la casa, el trabajo, pero especialmente el cuidado del cuerpo, la alimentación y la salud. Es ideal para empezar hábitos saludables, ya sea físicos o mentales y psicológicos.

Luna llena en Virgo
Cuándo es: entre el 19 de febrero y el 20 de marzo
Con el plenilunio en el signo de la virgen, llegan los resultados acerca de cómo cuidamos de nuestra salud integral. Todas las «impurezas» en nuestros hábitos y relaciones suelen mostrarse, así como el buen manejo de nuestra vida cotidiana. Es un momento de culminación donde el cuerpo nos indica si cuidamos bien de él o no. Se genera claridad acerca de qué nos hace sentir bien y qué nos hace sentir mal.

LUNACIONES DE
LIBRA

Palabra clave
Amor y armonía

Qué evitar
Condescendencia e hipocresía

Ideal para
Invertir en nuestras relaciones y en nuestro círculo social

Luna nueva en Libra

Cuándo es: entre el 24 de septiembre y el 23 de octubre
La luna nueva en Libra nos invita a invertir en nuestras relaciones, nuestro ámbito social y generar equilibrio entre dar y recibir. Nuevas amistades, sociedades y acuerdos suelen presentarse. Todo lo que implica una mayor armonía artística y estética (la decoración de casa, el propio look, etc.) pide ser realizado. Es un momento ideal para iniciar una relación, cambiar de look y encontrar armonía en nuestras interacciones sociales e íntimas.

Luna llena en Libra

Cuándo es: entre el 21 de marzo y el 20 de abril
El plenilunio en este signo trae resultados en nuestras relaciones: se hace evidente si el intercambio entre lo que damos y recibimos es equitativo. También se aclaran las dinámicas de nuestras relaciones. Es un momento de culminación, ideal para festejar con las personas que valoramos.

LUNACIONES DE
ESCORPIO

Palabra clave
Profundidad y transformación

Qué evitar
Obsesiones y el exceso de control

Ideal para
Hacer terapia, sanar patrones y transformarse

Luna nueva en Escorpio

Cuándo es: entre el 24 de octubre y el 22 de noviembre

El novilunio escorpiano es un momento profundo donde iniciamos procesos de transformación interna. Esta transformación tiene que ver con nuestras necesidades primordiales instintivas (sexo, estabilidad financiera, protección), así como nuestras emociones profundas (especialmente si hay traumas que sanar). Es un momento ideal para iniciar terapia, un nuevo plan financiero o una relación más íntima con nosotros mismos.

Luna llena en Escorpio

Cuándo es: entre el 21 de abril y el 20 de mayo

La Luna llenándose en Escorpio suele traer claridad acerca de nuestros límites profundos y de cómo usamos nuestro poder personal para obtener estabilidad emocional y práctica. Todo aquello que nos atormenta suele estar presente en lo profundo de nuestro ser y, si hay miedos u obsesiones ocultos, salen a la luz. Es un momento ideal para confrontarnos con nosotros mismos y observar cómo administramos nuestros instintos y nuestras necesidades primordiales. Tenemos resultados acerca de cómo administramos el dinero y cómo nos hacemos cargo de nuestro lado más oscuro y difícil. Momento de mucha intuición y claridad que suele permitir que las verdades salgan a la luz.

LUNACIONES DE
SAGITARIO

Palabra clave
Exploración y nuevos horizontes

Qué evitar
La exageración y la irresponsabilidad

Ideal para
Viajes, estudios e implementar nuevas filosofías

Luna nueva en Sagitario
Cuándo es: entre el 23 de noviembre y el 21 de diciembre
El novilunio en este signo nos impulsa a nuevos horizontes, sean geográficos o mentales. Es el momento donde se inician nuevos estudios, nuevos viajes y nuevas filosofías. Esta luna nueva viene a ampliar la mirada y a integrar una nueva forma de ver el mundo. Es un momento ideal para iniciar cursos, viajes y experiencias que expandan la mente.

Luna llena en Sagitario
Cuándo es: entre el 22 de mayo y el 21 de junio
La luna llena en Sagitario pone en evidencia cómo se aprovechó la apertura a nuevos horizontes, enseñanzas y filosofías. También suele notarse si existe un exceso en querer determinar y predicar cuál es la mejor forma de vivir. Es un momento de suerte y de exageración. La conexión espiritual suele intensificarse y aclararse si existe el deseo de hacer un nuevo viaje, nuevos estudios o una nueva experiencia.

LUNACIONES DE
CAPRICORNIO

Palabra clave
Responsabilidad y éxito

Qué evitar
Exceso de trabajo y materialismo

Ideal para
Planes profesionales, inversiones, proyectos ambiciosos

Luna nueva en Capricornio

Cuándo es: entre el 22 de diciembre y el 20 de enero
La luna nueva en este signo pide compromisos sólidos que conllevan responsabilidad y seriedad. Es el momento donde grandes planes se trazan y es necesario ser prácticos y disciplinados para llevarlos a cabo. Puede ser que surjan nuevas responsabilidades o la necesidad de atender cuestiones burocráticas y administrativas. Es un momento ideal para trazar metas sólidas que generen estabilidad material a largo plazo.

Luna llena en Capricornio

Cuándo es: entre el 22 de junio y el 22 de julio
El plenilunio capricorniano evidencia cómo de responsables y disciplinados fuimos en los últimos seis meses. Los planes materiales, profesionales y económicos suelen dar su resultado. Es el momento de la verdad con respecto a los frutos que traen nuestro esfuerzo personal, nuestra disciplina y nuestra capacidad de invertir energía para obtener seguridad y estabilidad. La responsabilidad real y el compromiso a largo plazo suele aclararse. También se evidencia si existe un exceso de trabajo, de estrés y de preocupaciones.

LUNACIONES DE
ACUARIO

Palabra clave
Individualidad y cambio de perspectiva

Qué evitar
La desconexión y el extremo desapego

Ideal para
Conectar con los amigos y ampliar la consciencia

Luna nueva en Acuario

Cuándo es: entre el 21 de enero y el 18 de febrero
El novilunio acuariano gesta un cambio de consciencia o una nueva forma de verte y ver a los demás. Es un momento de rebeldía y cambio, pero también un momento de conectar con nuevos grupos de amigos o encontrar causas nobles por las cuales luchar. Puede ser un momento donde empezamos a emanciparnos o desapegarnos de algo en específico.

Luna llena en Acuario

Cuándo es: entre el 23 de julio y el 23 de agosto
La luna llena en Acuario es un momento ideal para conectar con los amigos y con los grupos con los que interactuamos. Solemos descubrir una nueva consciencia o una nueva forma de ver las cosas. Se hace evidente si existe mucho apego o la necesidad de liberarnos de algo. Es un momento ideal para una evolución de consciencia.

LUNACIONES DE
PISCIS

Palabra clave
Inspiración y conexión espiritual

Qué evitar
Las ilusiones y las adicciones

Ideal para
Crear arte, reconectar espiritualmente, perdonar

Luna nueva en Piscis

Cuándo es: entre el 19 de febrero y el 20 de marzo
La luna nueva en Piscis gesta una reconexión espiritual y con el lado sensible y amable de la vida. La inspiración, el arte, las ganas de encontrar paz interior se hacen presentes. Piscis representa también lo que anhelamos y soñamos y esta luna nueva nos reconecta con nuestros sueños. Momento ideal para iniciar procesos de sanación, de perdón, proyectos artísticos, relaciones íntimas y nuevas prácticas espirituales como meditación.

Luna llena en Piscis

Cuándo es: entre el 24 de agosto y el 23 de septiembre
La Luna se llena en Piscis y genera claridad acerca de nuestro interior, nuestros ideales y nuestras relaciones íntimas. Es una luna llena muy emocional, profunda y llena de creatividad artística. Pero también pueden romperse ilusiones y descubrirse los engaños y autoengaños. La conexión, la intuición y la empatía suelen subir al máximo.

ECLIPSES

Si quieres convencerte de la potencia de la Luna y el Sol, observa bien los eclipses. La magnitud del efecto de estos eventos impactantes no pasa desapercibida. A partir de la última lunación antes de un eclipse, dos semanas antes, el aire se pone estático, el tiempo se acelera y todos parecen estar un poco alterados. Este «clima» permanece hasta dos semanas después del último eclipse de la temporada, dándonos dos periodos de entre un mes y medio a dos meses, cada año, de lo que yo llamo «la temporada de los milagros».

En temporada de eclipses, no solo se aceleran los eventos, todo se intensifica, tanto lo bueno como lo malo.

> Disruptivos, trascendentales y transformadores,
> los eclipses son eventos donde la influencia lunar y
> solar sube al máximo.

Los eclipses son posibles gracias al encuentro del camino de la Luna y el camino del Sol, desde el punto de vista terrestre. La Luna tiene una inclinación de 5° con respecto a la eclíptica, por lo tanto, cruza la «carretera del Sol» solo en dos puntos. Es un poco como si tienes dos anillos juntos e inclinas un poco uno al otro y se forman dos puntos de contacto. Esos dos puntos de contacto son conocidos como «nodos lunares» o «nodos del karma».

Los eclipses son eventos misteriosos, poderosos, y se necesitaría un libro entero para hacer tan solo una introducción a este tema fascinante.

Para entender de forma simple la mecánica detrás de los eclipses, ten en cuenta que cada vez que la Luna y el Sol se alinean con la Tierra, tenemos una lunación. Pero no podemos ver los eclipses todos los meses porque en un eclipse deben coincidir la alineación Sol y Luna y, además, el Sol y la Luna deben tener la misma inclinación. La alineación en el grado del zodiaco (luna llena y nueva) es solo una de las tres coordenadas que se requieren para ubicar un objeto en el espacio tridimensional del cielo. Para que una luna llena o nueva sea un eclipse, hace falta que el Sol y la Luna estén a la misma «altura» del zodiaco, que tengan la misma inclinación.

Los puntos de encuentro donde el Sol y la Luna se cruzan, no en el zodiaco, sino en la declinación de sus órbitas, tienen un punto ascendente sur/norte y un punto descendente norte/sur. Por esto se los conoce comúnmente como «nodo norte» y «nodo sur». Llamados Rahu y Ketu por los védicos, son los dos puntos del cielo donde los eclipses dan espectáculo y aceleran el ritmo del «clima astral».

Durante un eclipse, la luz natural desaparece durante el día o en una noche de luna llena podemos observar su disco plateado cubrirse para desaparecer o tomar tonos burdeos. Son eventos asombrosos que duran minutos, aunque se rumorea que pueden tener efecto durante años.

Cuando el Sol transita a lo largo de todo el año cerca de uno de los nodos y la Luna se alinea con él (luna nueva o llena), tenemos un eclipse. Como los nodos son puntos matemáticos y siempre están en oposición de 180° entre ellos, el Sol los visita dos veces al año, lo que hace dos temporadas de eclipses al año, distanciadas seis meses cada una.

Cada temporada de eclipses se compone de entre dos y tres eclipses, siempre con un eclipse solar y un eclipse lunar y uno extra que puede ser solar o lunar. La temporada se inicia con la lunación precedente y concluye con la lunación sucesiva.

Durante este periodo, tenemos anomalías en los comportamientos, en los ritmos, mucha intensidad emocional y grandes cambios.

Los eclipses lunares son lunas llenas y los eclipses solares son lunas nuevas donde la lunación se potencia al máximo permitiendo una gran siembra o una gran cosecha.

> Los eclipses suelen representar también un momento de crisis, donde es necesario prestar atención a qué se debe cambiar y dejar atrás.

Para comprender mejor qué trae para ti un eclipse, usa la tabla de las lunaciones por casa astrológica que encontrarás en la segunda parte de este libro. De la misma forma en que una lunación activa un ámbito de tu vida según la casa astrológica que cae, también los eclipses se manifestarán en el ámbito de tu vida indicado por la casa.

Encontrarás la lista de eclipses de cada año en www.lunalogia.com.

Efectos de las temporadas de eclipses:

- Gran mutabilidad en el aire
- Aceleración alternada a mucha lentitud
- Confusión alternada a claridad
- Emociones intensas
- Nerviosismo
- Eventos inesperados y transformadores

Recomendaciones:

Las temporadas de eclipses son momentos donde parece que hay una luna llena constante. Las personas sensibles a las variaciones del campo electromagnético terrestre deben tomar más agua y descansar más. Un baño con sal marina o un paseo en la naturaleza son siempre apaciguadores. Si en temporada de eclipses te sientes perdido, búscate en las cosas que amas. Recuerda que perderte es parte del proceso de encontrarte y solo quien hace este proceso una y otra vez se encontrará a sí mismo. Como la Luna, cambiamos todo el tiempo y de vez en cuando necesitamos actualizarnos, preguntarnos quiénes somos y a dónde vamos. Perderte puede ser una épica búsqueda del tesoro donde el tesoro eres tú. Perderte para buscarte y así encontrarte es lo que agregará estabilidad y una confianza en ti que sabe a gloria.

Hay personas que consideran los eclipses momentos no indicados para actuar. El motivo es la creencia instaurada de que son eventos negativos. Seguramente no son momentos suaves y tranquilos. Y, por cierto, no es un momento «seguro», aunque cuando nada es seguro, todo es posible.

La temporada de eclipses suele ser el momento de mayor avance en nuestras vidas. Por lo tanto, son las temporadas donde vale la pena usar la corriente natural para avanzar más deprisa en la dirección deseada.

RAHU Y KETU - LOS MAGOS DE LA ACTUALIZACIÓN DEL TIEMPO

En astrología, diferenciamos los eclipses del nodo sur de los eclipses del nodo norte. Simplemente porque su energía es opuesta y complementaria. El nodo norte (Rahu) es mitológicamente la cabeza de un dragón y es el punto que se encarga de traer el futuro al presente. Mientras que el nodo sur (Ketu) es la cola del dragón y se encarga de llevar el presente al pasado y reciclarlo. En una carta natal, el nodo norte representa la dirección que quiere tomar nuestra alma y el camino de aprendizaje y expansión que hay que seguir. Mientras que el nodo sur representa toda la experiencia que ya poseemos y las experiencias que son cómodas. Sus símbolos son como una letra «U» para el nodo sur y una «∩», o «U» invertida, para el nodo norte.

Los nodos lunares transitan retrógrados (hacia atrás) un eje de signos durante dieciocho meses. En ese periodo, tenemos eclipses en los mismos dos signos, aunque puede suceder un eclipse en un signo contiguo. Los eclipses en un signo se repiten cada nueve años, alternando el tránsito del nodo sur al tránsito del nodo norte.

ECLIPSES SOLARES

Un eclipse solar anuncia un gran comienzo. Es una luna nueva, sinónimo de nueva vida. En estos eventos, el disco solar viene ocultado por la Luna y el luminoso Sol se apaga. Es como si se muriera para luego renacer. Un reinicio.

Si has presenciado un eclipse solar, sabes que en estos momentos los animales nocturnos emergen y los diurnos se ponen a dormir. Las flores se cierran y los gallos cantan.

La inesperada oscuridad crea un ambiente anómalo.

EXISTEN CUATRO TIPOS DE ECLIPSES SOLARES:

Eclipse total	La Luna cubre por completo el disco solar.
Eclipse anular	La Luna cubre al Sol mientras este se encuentra en su apogeo (punto de máxima lejanía de la Tierra), por eso se ve más pequeña y genera un asombroso anillo de luz.
Eclipse híbrido	Este eclipse se presencia como total en algunas regiones y como anular en otras regiones geográficas.
Eclipse parcial	La Luna cubre parcialmente el disco solar.

El tipo de eclipse dependerá de la cercanía del Sol a los nodos lunares; cuanto más cerca esté el Sol de los nodos, más intenso será este.

Los eclipses solares parciales son menos intensos que los totales, los híbridos

Tipos de eclipses solares según la distancia al nodo lunar

Eclipse solar total, anular o híbrido	Puede ser cualquier tipo de eclipse solar	Eclipse solar parcial
Luna nueva a menos de 9° 55' del nodo	Luna nueva a una distancia entre 9° 55' y 11° 15' del nodo	Luna nueva a una distancia entre 18° 31' y 11° 15' del nodo

y los anulares. Estos últimos tres tienen un efecto más contundente, especialmente en el área geográfica desde donde son visibles.

Sin embargo, un eclipse solar no tiene que ser visible para generar un efecto. La interrupción de la luz del Sol, aunque sea por minutos, genera una anomalía en el campo electromagnético terrestre, nuestro mar de vibraciones, que repercute en toda la Tierra.

Recomendaciones para un eclipse solar

Los eclipses solares tienen un efecto más mental que los lunares y todo el mundo suele estar un poco más loco o desorientado. El Sol «es apagado» para luego ser «encendido», y esto equivale a un reseteo de su energía. En reflejo nuestra mente también sufre un reseteo, muy valioso, aunque complejo. Tenlo en cuenta.

La gran magnitud de energía que se genera en un eclipse solar puede ser aprovechada. Es una luna nueva mágica, poderosa, transformadora. Te recomiendo que uses esta energía a tu favor iniciando algo extremadamente positivo o visualizando el futuro que quieres manifestar.

ECLIPSES LUNARES

Un eclipse lunar anuncia una gran cosecha y un cierre de ciclo. Es una luna llena, sinónimo de plenitud, clímax y culminación.

EXISTEN TRES TIPOS DE ECLIPSES LUNARES: TOTALES, PARCIALES Y PENUMBRALES

Eclipse total	**La sombra que proyecta la Tierra cubre por completo el disco lunar.**
Eclipse parcial	**La sombra que proyecta la Tierra cubre el disco de la luna parcialmente.**
Eclipse penumbral	**La penumbra de la Tierra cubre el disco lunar solo parcialmente. Este tipo de eclipse puede pasar desapercibido porque la Luna simplemente toma un tono más oscuro.**

El tipo de eclipse dependerá de la cercanía de la Luna a los nodos lunares; cuanto más cerca esté de los nodos, más intenso será este.

Tipos de eclipses lunares según la distancia al nodo lunar

Eclipse lunar total	Puede ser cualquier tipo de eclipse lunar	Eclipse lunar parcial o penumbral
Luna llena a menos de 3° 45' del nodo	Luna llena a una distancia entre 3° 45' y 6° del nodo	Luna llena a menos de 12° 15' y más de 3° 45' del nodo

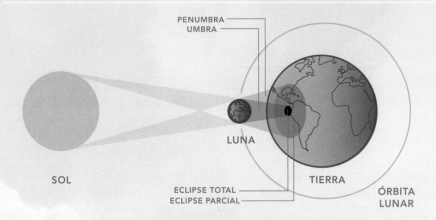

PENUMBRA
UMBRA
LUNA
SOL
ECLIPSE TOTAL
ECLIPSE PARCIAL
TIERRA
ÓRBITA
LUNAR

Tipos de eclipses lunares según la distancia al nodo lunar

Eclipse lunar total	Puede ser cualquier tipo de eclipse lunar	Eclipse lunar parcial o penumbral
Luna llena a menos de 3° 45' del nodo	Luna llena a una distancia entre 3° 45' y 6° del nodo	Luna llena a menos de 12° 15' y más de 3° 45' del nodo

Los eclipses lunares totales son los más intensos; en segundo lugar, los parciales y, en tercer lugar, los penumbrales.

En los eclipses lunares a veces parece que se cierra una puerta en nuestra cara, algo concluye de forma inesperada y suele dejarnos atónitos. Pero te aseguro que el cielo conspira a tu favor. Si algo te es quitado, se generará el espacio para algo que te debe ser dado.

En los eclipses lunares se caen los pesos, se acaban las épocas, se rompen los hechizos. La energía es de liberación y de cierre. Aunque también de resultado. Pueden ser momentos donde se reciben grandes ganancias o premios por nuestro trabajo.

Recomendaciones para los eclipses lunares

La luna llena eclipsada se siente como diez lunas llenas. Si eres sensible a las lunaciones, consulta la parte del cuidado personal y lleva a cabo las recomendaciones para las lunas llenas. También niños y animales estarán más nerviosos y vale la pena tener más cuidado para que descansen más, coman más sano y tomen más agua. En general, en temporada de eclipses, todo el mundo tiende a perder un poco la cabeza, aunque el efecto es más emocional en los eclipses lunares y más mental en los eclipses solares.

LUNA FUERA DE LOS LÍMITES Y EL LUNASTICIO

Este fenómeno, muy poco abordado en astrología, explica por qué vemos la Luna en lugares tan diferentes del cielo. A diferencia del Sol, que va variando su orientación norte/sur muy levemente cada día, la Luna se orienta más al sur o al norte de forma más perceptible. La explicación puede sonar muy compleja, pero si te gusta la Luna y el cielo, comprender el fenómeno de declinación es fascinante.

Si observas el Sol cada día del año a la misma hora y desde el mismo punto geográfico, descubrirás un patrón llamado «analema» con forma de «∞». La Luna sigue el mismo patrón y realiza una analema en un mes o ciclo dracónico. Esto sucede porque, así como el Sol, desde el punto de vista terrestre, la Luna se inclina hacia el sur y hacia el norte. En astronomía y astrología, se conoce a este fenómeno como «declinación». Tomemos como ejemplo al Sol desde el punto de vista terrestre:

- En los equinoccios del 20 de marzo y 21 de septiembre, el Sol se encuentra en el 0° del ecuador celeste y asciende siempre en el punto cardinal este y se oculta en el oeste. Inicia la primavera y el otoño según el hemisferio sur o norte.

- En el solsticio[21] del 21 de junio (puede variar un día), el Sol se encuentra en la declinación máxima a 23° 26'[22] norte marcando el inicio del verano en el hemisferio norte y el inicio del invierno en el hemisferio sur. Por eso es el inicio del signo cardinal de Cáncer, ya que el Sol llega al trópico de Cáncer, situado en el paralelo 23° 26′ 22″ norte.

- En el solsticio del 21 de diciembre (puede variar un día), el Sol se encuentra en la declinación máxima a 23° 26′ sur marcando el inicio del verano en el hemisferio sur y el inicio del invierno en el hemisferio norte. Por eso es el inicio del signo cardinal de Capricornio, ya que el Sol llega al trópico de Capricornio, situado en el paralelo 23° 26′ 22″ sur.

La Luna hace el mismo recorrido norte/sur, cruzando el ecuador celeste dos veces al mes (equivalente a los equinoccios solares), solo que a un paso más acelerado. No tiene un límite fijo como el Sol, que cada año se orienta hasta 23° 26′ (se «sienta» tres días en los trópicos) y regresa.

Cuando la Luna supera los 23° 26′ norte o sur, se considera «fuera de los límites». La Luna fuera de los límites es intensa, descarrilada, fuera del camino, un poco loca y perdida. Sin embargo, valiente, porque rompe las reglas y va en búsqueda de sus propios límites.

La Luna fuera de los límites sigue un ciclo de 18,6 años conocido como «lunasticio», donde la Luna tiene un lunasticio mayor, seguido de un lunasticio menor, 9,3 años después. Durante el lunasticio menor, su declinación máxima es de 18° 36′ norte/sur a lo largo del mes lunar dracónico. Mientras que en un lunasticio mayor puede llegar a los 28° 43′. Por lo tanto, tenemos nueve años donde la Luna se mantiene dentro de los límites y es considerada juiciosa, alternándose con nueve años donde la Luna se sale de los límites y pierde el juicio.
Entre 2011 y 2020, la Luna estuvo dentro de los límites, mientras que la década 2020-2030 se caracteriza por tener a la Luna fuera de los límites, cada mes, por unos días. En cambio, la siguiente década será mayormente con la Luna dentro de los límites hasta 2038. El pico de máxima declinación será el 21 de marzo de

2025, cuando la Luna llegue a 28° 43' sur. No volverá a una posición tan declinada hasta 2043.

> A simple vista, cuando la Luna está fuera de los límites,
> la verás salir mucho más al sur o al norte con respecto
> al punto cardinal este.

No solo la Luna se sale de los límites, también lo hacen los planetas (todos menos el Sol, que es el que marca los límites). Cuando los astros se salen de los límites, justamente derriban las barreras y rompen las reglas. Se consideran algo erráticos, disruptivos e intensos y puede ser interesante descubrir si naciste con la Luna o algún planeta fuera de los límites.

Para conocer los lunasticios del siglo XXI puedes acceder a www.lunalogia. com/lunasticio.

Esta es simplemente una breve introducción al apasionante tema de la Luna fuera de los límites y el lunasticio. Se sabe que los awara (los antiguos habitantes de La Palma, en las Islas Canarias) observaron y ritualizaron este ciclo cósmico. En las cumbres de La Palma, concretamente a unos 2.170 metros de altitud, en el Llano de las Lajitas, se encuentran vestigios tan visibles como dieciocho amontonamientos de piedras y más de 80 grabados rupestres que hacen referencia al lunasticio[23].

LUNA FUERA DE CURSO O EN VACÍO

Todos debemos desconectarnos de vez en cuando, igual que la Luna. Ella lo hace dos o tres veces por semana cuando sale de curso y se vacía.

La Luna fuera de curso es un concepto de astrología eleccional o electiva, una rama astrológica que busca determinar el mejor momento para una actividad específica. Cuando la Luna está en vacío o fuera de curso, no se considera un buen momento para invertir dinero, para publicaciones, contratos o acuerdos. Denominado en griego « *kenodromia*» (κενοδρομία), que significa «transitando en el vacío» o «moviéndose en la nada», es un concepto de la tradición helenística citado por primera vez en el siglo I. Existen tres definiciones diferentes sobre qué es exactamente la Luna fuera de curso, una antigua, una moderna y la propuesta por el famoso astrólogo del siglo XVII William Lilly.

La Luna fuera de curso en la antigüedad

En la época antigua, se consideraba a la Luna fuera de curso cuando esta se encontraba a más de 30° de cualquier aspecto con otro planeta, independientemente del signo zodiacal.

Luna fuera de curso según William Lilly

Para este reconocido astrólogo, la Luna fuera de curso se da cuando la Luna no realiza ningún aspecto (con un orbe/desfase de 1°) con ningún planeta.

El concepto moderno de Luna fuera de curso

Actualmente, se considera a la Luna en vacío a partir del momento en que la Luna hace su último aspecto antes de cambiar de signo. En el momento en que entra en el siguiente signo, sale del vacío.

> **Como la Luna cambia de signo zodiacal aproximadamente cada dos días y medio, tenemos la Luna fuera de curso al menos un par de veces por semana.**

En ocasiones, durante minutos; otras, durante largas horas. Esta Luna se llama «la luna de los ladrones y los amantes», porque se considera que cualquier acción ejercida durante su influjo no será descubierta. Cuando está fuera de curso, la Luna parece desconectarnos un poco y vale la pena aprovechar para mantener el cuerpo, las relaciones y las cosas. Se recomienda evitar acciones importantes que incluyan firmas de documentos, acuerdos comerciales, etc. Por otro lado, cuando estas acciones que realizamos durante la Luna en vacío se vuelven contra nosotros, como una denuncia o una carta de despido, suelen quedar en la nada y acabar anuladas por el misterioso vacío lunar.

Para saber cuándo la Luna está en vacío puedes descargar el LUNARIUM del año en curso en www.lunalogia.com/lunarium.

Este fenómeno no debe confundirse con la Luna inaspectada o peregrina. Puedes leer acerca de esta Luna en la parte 2 de este libro.

LOS COLORES DE LA LUNA

Plateada y resplandeciente como un diamante, amarilla como el ámbar o carmesí como un rubí, la Luna tan cambiante no podía no tener matices. Algunos de sus colores son puntuales, mientras que otros son nombres que se atribuyen a las diferentes lunas.

Luna azul

Se denomina «luna azul» al segundo plenilunio en un mismo mes del calendario gregoriano. En cambio, tradicionalmente, se conocía como «luna azul» la cuarta luna llena en una estación, o sea, entre un solsticio y un equinoccio o viceversa. El nombre «azul» es en realidad una confusión con el nombre original que se le dio a esta cuarta luna, ya que en inglés antiguo se la llamaba «belewe» que significa «traidora»; adjetivo que se ganó porque era una Luna que rompía con el perfecto orden de tres plenilunios en cada estación. El término «belewe» fue abreviado como «blwe» y luego confundido con «blue» («azul» en inglés). La luna azul moderna puede caer en dos meses diferentes según el huso horario de cada país. No es un evento astronómico o astrológico y sucede aproximadamente cada dos años y medio.

Raramente se puede apreciar la Luna con tonos azules, pero esa dificultad viene asociada a la contaminación aérea resultante de la erupción de volcanes.

Luna negra

Con este nombre se denomina tanto la fase balsámica de la Luna como un punto matemático referente a la órbita lunar.

Se conoce como «luna negra» la fase balsámica de la Luna que equivale a la última fase antes de la luna nueva. Esto se debe al hecho de que la Luna ya no se ve en el cielo porque transita muy cerca del Sol. Este fenómeno se repite una vez al mes y es una fase de purificación y descanso. También «luna negra» o «luna oscura» es el nombre que se le da a Lilith, un punto matemático que equivale al punto focal vacío de la órbita lunar.

En realidad, existen cuatro lunas negras o Lilith diferentes: dos referentes al punto «oscuro» de la órbita lunar (Lilith media y Lilith verdadera), el asteroide Lilith 1181 y la Luna hipotética Waldemath h58 llamada también con el mismo nombre.

Como Lilith es el punto oscuro de la órbita lunar, representa el lado oscuro de la Luna. Uno de los aspectos menos abordados sobre su significado es la repetición de patrones adquiridos e involuntarios. Podemos considerarla también como el lado oscuro de nuestro subconsciente, representado por la Luna. Como la Luna se ocupa de la gestación, la maternidad y la nutrición, también puede representar un rechazo de estos aspectos de nuestra personalidad. Pero también representa la fortaleza de la madre a la hora de defender a sus crías, nuestra naturaleza salvaje, la rebelión femenina ante el atropello y la gran capacidad de independencia de las mujeres. En la mitología mesopotámica, Lilith es la diosa de la Tierra, mientras que para la mitología judía es la mujer creada antes de Eva, que se rebela ante Dios y es echada del paraíso. Lilith transita cada signo durante nueve meses y tarda nueve años en hacer una revolución y regresar al mismo punto del cielo. Un carácter influenciado por la salvaje luna negra suele aparecer cuando esta se posiciona en conjunción con algún planeta o en alguno de los ángulos de la carta natal (que son el ascendente AC, el descendente DC, el medio cielo MC o el fondo de cielo IC).

Luna blanca

La luna blanca, llamada también Selena o Arta, se calcula matemáticamente tomando el equivalente de una órbita circular (y no elíptica) de la Luna, aunque algunos simplemente la consideran una segunda luna hipotética de la Tierra. Completa un ciclo del zodiaco cada siete años. En la mitología griega, Selene es la diosa de la Luna y a menudo se la representa como una mujer con la luna creciente en la cabeza. El mito habla de ella iluminando el cielo nocturno cuando comienza su viaje recién purificada por los océanos de la Tierra. En astrología, representa la naturaleza luminosa de nuestra alma, la consciencia sagrada que nos permite iluminarnos, y con esa luz, iluminar el camino para los demás.

Luna rosa

«Luna rosa» es uno de los tantos nombres que las culturas ancestrales dieron a la luna llena del mes de abril. Los nativos americanos la llamaron de esta forma por el florecimiento en ese mes del género silvestre *Phlox*, planta con llamativas flores rosas.

Luna roja

Se denomina «luna roja» a la luna llena durante un eclipse lunar total, ya que suele tomar tonos escarlatas.

Existen muchas supersticiones y textos antiguos de diferentes culturas que citan a la luna roja llamándola «luna de sangre» y asociándola a eventos catastróficos. Tratándose de un eclipse lunar total, es natural tanto la intensificación de las emociones y estados de agitación como los fuertes cambios, característicos de este fenómeno, que se relacionan con la luna ensangrentada.

PARTE 2

Todas
tus lunas

LOS CICLOS PERSONALES

Todo tiene su ritmo, sus fases, su ciclo. Tú también.

Eres un sinfín de fases que se suceden a sí mismas. A veces, como el plenilunio, emanas luz magnética. Otras, necesitas desaparecer para regenerar tu energía, como cuando la Luna se oculta para renacer. Quizá seas muy consciente de ello y quizá al mismo tiempo te exijas estar siempre al máximo. Como una eterna primavera, siempre floreciendo. Mientras tanto, la naturaleza no hace más que alternar, entre día y noche, verano e invierno, crecimiento y relajación, expansión y contracción. Como tu corazón que late y late.

Conocer tus ciclos internos es primordial para determinar tus etapas, cuánto duran, cómo funcionan y cómo puedes aprovecharlas mejor. Pero para conocer tus ciclos, primero debes conocerte a ti. Y conocerse, más que una meta, es una práctica constante. Un arte que se sofistica. Una virtud que paga siempre con creces. Si eres de los que busca conocerse mejor, en breve te hablaré de tu luna natal. Ella te permitirá comprender mejor tus necesidades, tu sistema operativo emocional, tu naturaleza y tus reacciones instintivas.

Una vez que conozcas tu luna natal, te hablaré del ciclo personal que vives una vez al mes, cuando la Luna pasa por el mismo espacio del cielo que transitaba en el momento de tu primera respiración, concepto conocido en astrología como «retorno lunar». Veremos también las fases lunares de nacimiento y cómo te influyen; los ciclos de fertilidad marcados por la Luna y la relación entre la Luna y la menstruación.

Conocer tus ritmos trae paz, porque aceptas que hay momentos donde eres más creativo y otros donde eres más reflexivo; no tienes por qué ser productivo todo el tiempo, ya que la naturaleza no funciona de esa forma. Si puedes separar cuándo tienes más predisposición natural para producir resultados y cuándo tienes más claridad para planear tus metas, podrás aprovechar al máximo tus ciclos sacando el mejor provecho de cada una de tus fases naturales.

El ciclo lunar se basa en la relación de equilibrio constante entre dar y recibir, de cuidar para luego disfrutar, de crear para luego descansar, de sembrar para cosechar. En este universo del que eres fractal, todo busca su equilibrio de manera constante. La naturaleza de la que somos parte está diseñada para perpetrar la vida a través de ese equilibrio. Un equilibrio que se forma a través de un movimiento de expansión alternado a un momento de relajación, constantemente.

CONOCE TU LUNA NATAL

«Conócete a ti mismo y conocerás a los dioses y al universo».

Templo de Delfos

Para conocer la posición de tu luna natal, debes obtener un gráfico del cielo en el momento en que naciste, conocido como «carta natal». La carta natal es una imagen que muestra la posición en la cúpula celeste de los planetas al momento de la primera respiración. Dicen que una imagen vale más que mil palabras, y justamente en la imagen de la carta natal los astrólogos vemos una radiografía de las actitudes, capacidades, emociones, impulsos y experiencias recurrentes de la persona.

HAY TRES VALORES QUE DEFINEN LA LUNA NATAL Y, DEL MISMO MODO, LA FORMA DE SENTIR DE UNA PERSONA:

1 El signo zodiacal que ocupa la Luna
2 La casa zodiacal que ocupa la Luna
3 Las relaciones matemáticas que hace la Luna con otros planetas, conocidas en astrología como «aspectos»

Para conocer tu luna natal o la de tus seres queridos, entra en https://lunalogia.com/carta-natal/ y rellena los datos de nacimiento. Te aparecerá el gráfico del cielo en el momento de la primera respiración.

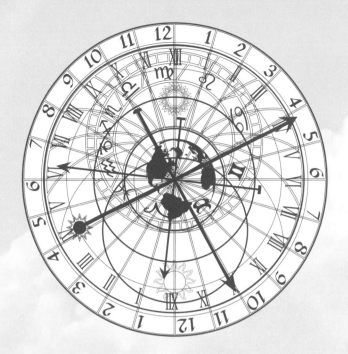

> Considera que, para conocer la luna natal de una persona, debes conocer la hora de nacimiento. En caso de no conocerla, no puedes estar del todo seguro de en qué grado y signo está la Luna.

Al comienzo de la página, verás el signo zodiacal del ascendente, del Sol y de la Luna. Toma nota del signo lunar y desliza hacia abajo para ver la posición de la Luna en las casas astrológicas. Donde dice «Posición de los planetas», encuentras la Luna en segundo lugar. Debajo de «Long Radix», verás un número que indica los grados en el zodiaco y «casa» con un número entre el 1 y el 12. Ese número se refiere a la casa que ocupaba la Luna en el momento del nacimiento. Para conocer los aspectos o conexiones de la Luna con otros planetas, desliza más abajo a «Aspectos natales» y busca la Luna. Verás que aparece la palabra «Luna», luego un símbolo y después el nombre de un planeta o punto matemático. El símbolo nos indica el tipo de aspecto o relación matemática que hay entre la Luna y el planeta, pero no lo tendremos en cuenta, ya que cualquier aspecto es una conexión e indica una interacción entre las energías planetarias. Anota los planetas con los que la Luna hace un aspecto (si no hace ningún aspecto, también tenlo en cuenta, ya que se trata de una Luna inaspectada; encontrarás información sobre esto más adelante). También puedes tomar nota de la fase lunar de nacimiento, que te servirá para obtener más información adicional. Desliza hasta donde encuentres las fases lunares de nacimiento y toma nota de la más cercana.

Una vez que has tomado notas del signo lunar, la casa que ocupa la Luna y los planetas con los que hace conexiones, vamos a descubrir la Luna en el zodiaco.

Los signos poseen características similares entre ellos: los elementos y las modalidades. Conocer los elementos y las modalidades de los signos permiten entender la dinámica intrínseca, por lo que, antes de analizar la Luna en cada signo del zodiaco, veremos primero las diferentes categorías de estos.

CONOCIENDO LA LUNA NATAL DE UNA PERSONA PODEMOS DEDUCIR:

- Las respuestas instintivas e inmediatas
- Las necesidades profundas
- Los deseos y anhelos ocultos
- Lo que adora y lo que no
- Las emociones recurrentes
- La capacidad y la calidad de conexión emocional
- La relación con la madre
- La capacidad de cuidar de uno mismo y de los demás
- Los miedos y las obsesiones
- La forma de encontrar seguridad y refugio
- Las memorias subconscientes
- El instinto materno
- Cómo vivió la infancia
- Las programaciones subconscientes
- Las relaciones con las mujeres en general
- La relación con la casa
- La relación con la comida y, en general, la forma de nutrirse
- Las pautas aprendidas en la infancia

La Luna en cada signo del zodiaco influye en nuestra forma de amar, de vincularnos y de reaccionar de manera espontánea ante la vida. Si aprendes acerca de la luna natal y tendrás una herramienta para saber qué necesitas y qué te da estabilidad emocional a ti y a todos los que te rodean.

LA LUNA Y LOS ELEMENTOS

Los elementos son niveles de experiencia, son la vida misma, experimentada desde diferentes puntos de consciencia.

Muchas culturas han dividido la experiencia humana en elementos porque es una forma de ordenar la vida y de comprender mejor las dinámicas humanas.

El agua es el elemento emocional e indica un nivel de experiencia que se procesa sintiendo. Es el elemento de emociones y sentimientos. Los signos de agua son Cáncer, Escorpio y Piscis, y representan el mundo sensible interior.

El fuego es el elemento activo e indica un nivel de experiencia que está en movimiento, una experiencia que acontece. Los signos de fuego son Aries, Leo y Sagitario, y representan la expresión y la acción.

La tierra es el elemento de lo tangible y lo necesario, indica un nivel de experiencia ligado a las sensaciones e instintos, a las necesidades básicas como comer y dormir. Los signos de tierra son Tauro, Virgo y Capricornio, y representan nuestro lado práctico, que se ocupa de nuestras necesidades básicas.

El aire es el elemento de la mente y las ideas, el nivel donde pensamos y proyectamos imágenes desde nuestra mente. Los signos de aire son Géminis, Libra y Acuario, y representan el proceso mental, las ideas y la imaginación.

Los elementos son como cuatro mundos dentro de este mundo: experimentar algo a nivel mental (elemento aire) es completamente diferente que hacerlo a nivel emocional (elemento agua). Comprender que las personas tienden a experimentar la vida desde niveles de experiencia preferenciales es clave para entender al ser humano y sus dinámicas.

El elemento del signo de la luna natal nos indica cómo comunica amor una persona y qué necesita para sentirse amada, así como dónde encuentra refugio y se siente segura.

VEAMOS ALGUNOS EJEMPLOS:

- Una persona nacida con la Luna en un signo de agua considera que lo más importante en una relación son las emociones. Se nutre de sentimientos y encuentra estabilidad cuidando su sensibilidad.

- Una persona nacida con la Luna en un signo de tierra considera que en una relación lo más importante son los planes a largo plazo y la estabilidad. Se nutre de lo tangible, lo práctico, lo material y lo físico.

- Una persona nacida con la Luna en un signo de aire considera que en una relación lo más importante es la comunicación, el intercambio y las ideas. Se nutre de información, de charlas, de imaginación.

- Una persona nacida con la Luna en un signo de fuego considera que en una relación lo más importante es vivir experiencias juntos, tener metas e ir tras ellas. Se nutre de movimiento, de acción, de expresión y de expansión.

- Nadie es cien por cien un elemento y lo común es que tengamos dos elementos preferenciales desde donde experimentamos la vida. Y casi siempre suele haber un elemento que nos cuesta más entender y expresar. Ese elemento que nos falta suele ser el que puede dar mucho equilibrio y estabilidad a nuestra vida. En nuestras cartas natales están todos los signos y todos los elementos. Todos podemos desarrollar el enorme potencial que llevamos dentro y que espera ser desplegado. Comprender el nivel de experiencia que más nos cuesta suele ser una forma acelerada de acercarnos a ese potencial personal.

- El elemento de la luna natal indica qué «lenguaje» usa cada uno para comunicar afecto. Comprender que el amor tiene cuatro lenguajes básicos aclara muchas conversaciones y arroja luz sobre las dinámicas recurrentes en nuestras relaciones. Generando consciencia de cómo cada uno expresa el amor y

LUNA NATAL EN SIGNOS DE FUEGO
ARIES - LEO - SAGITARIO

Necesitan libertad de expresión, movimiento, nuevas experiencias. Son sinceros y quieren sinceridad. Tienden a estar centrados en sí mismos. Son muy directos con respecto a sus sentimientos y esperan lo mismo a cambio. Vivir experiencias juntos es lo que más desean en una relación. Su lenguaje es activo, hacer o lograr algo, jugar, competir o irse de aventura.

LUNA NATAL EN SIGNOS DE TIERRA
TAURO - VIRGO - CAPRICORNIO

Necesitan algo estable, tangible y práctico. Son muy sensoriales y cariñosos físicamente. Su amor se despierta y se apaga paulatinamente: no son de amar de un día para el otro o dejar de hacerlo. Construir una meta común es lo que más desean en una relación. Su lenguaje es práctico, físico y concreto.

LUNA NATAL EN SIGNOS DE AIRE
GÉMINIS - LIBRA - ACUARIO

Necesitan una gran conexión intelectual, ser entendidos y entender al otro. Disfrutan intercambiando ideas y hablar es la forma natural de entrar en contacto. Son muy sensibles (de una forma diferente a la Luna en signos de agua), pero no muestran esa sensibilidad. La comunicación y la inspiración es lo que más desean en una relación. Su lenguaje es intelectual, hablado en palabras.

LUNA NATAL EN SIGNOS DE AGUA
CÁNCER - ESCORPIO - PISCIS

Son muy intuitivos acerca de cómo se sienten los demás y generan lazos emocionales muy fuertes. La emoción y el sentimiento de amar y ser amados es lo que más desean en una relación. Su lenguaje es emocional, hecho de miradas, de sensaciones y sentimientos.

qué tipo de amor reconocemos de manera natural podemos ampliar nuestra forma de dar y recibir amor. Podemos generar empatía mientras aprendemos mucho de los demás.

- En astrología, calculamos la cantidad de planetas en cada elemento para hacernos una idea de la energía preponderante que posee una persona. Y es necesario aclarar que una persona puede tener la Luna en un signo de un elemento y vivir la vida principalmente desde un nivel de experiencia o elemento diferente. Cada uno es un mundo y cómo expresará su energía depende de una amplia variación de factores.

- Cuando nos centramos en el elemento del signo lunar, descubrimos también de qué modo la persona procesa las emociones. Ya que una persona con una Luna en un signo de aire las procesa a nivel mental y una persona con una Luna en elemento tierra lo hace de forma práctica. Esto genera un lenguaje emocional básico, donde personas con Luna en signos del mismo elemento hablan el mismo lenguaje emocional, o sea, comunican afecto de la misma forma.

También hay que tener en cuenta que la Luna indica nuestro refugio (nuestra manera de ponernos a seguro) y nuestras reacciones instintivas. Estas irán siempre en consonancia con el elemento del signo de la luna natal y pondrán en marcha mecanismos recurrentes referentes a ese elemento.

LAS MODALIDADES Y EL PROCESO DE LA ENERGÍA

Entre los signos zodiacales, tenemos tres modalidades diferentes que nos hablan acerca de cómo procesa la energía cada signo.

La modalidad del signo lunar indica cómo se procesan las emociones, las necesidades y los impulsos.

Los signos zodiacales pertenecen a tres modalidades diferentes:

CARDINAL, FIJA Y MUTABLE

- **Los signos cardinales representan el comienzo de las estaciones.**
- **Los signos fijos representan el centro de las estaciones.**
- **Los signos mutables representan el cambio de una estación a otra.**

Por ejemplo: Aries inicia la primavera en el hemisferio norte y el otoño en el hemisferio sur, por lo tanto, es un signo de inicios, cardinal. Le sigue Tauro, que es el centro de la estación, donde se mantiene la misma energía, y es un signo fijo y estable. Después de Tauro viene Géminis, que es un signo que representa la transición a una nueva estación, por consiguiente, transforma la energía y es de modalidad mutable.

Comprender la modalidad de un signo lunar ayuda a comprender cómo se manejan las emociones. Por ejemplo, un signo de modalidad fija no suelta fácilmente una experiencia o a una expareja, porque se dedica a mantener la energía conocida. Será mucho más fácil dejar atrás el pasado para los signos mutables. En cambio, comprometerse puede ser mucho más amenazador para un signo lunar mutable que para los signos fijos, ya que puede sentir que pierde su independencia.

Considera que son ejemplos genéricos que sirven para orientarte en la comprensión general de cómo procesan las emociones los diferentes tipos de signos lunares.

LUNA EN SIGNOS CARDINALES
ARIES - CÁNCER - LIBRA - CAPRICORNIO

Tienen voluntad para anteponer sus necesidades en las relaciones, son más individualistas y van detrás de sus metas de forma proactiva.

LUNA EN SIGNOS FIJOS
TAURO - LEO - ESCORPIO - ACUARIO

Son estables y se fijan en una persona o situación, por lo que puede costarles el cambio. Leales y perseverantes.

LUNA EN SIGNOS MUTABLES
GÉMINIS - VIRGO - SAGITARIO - PISCIS

Los signos mutables tienden a adaptarse y a ser flexibles. Son dinámicos y necesitan estar siempre cambiando.

Compatibilidad entre signos lunares

Cuando hay compatibilidad entre lunas natales, las personas se entienden de manera natural. Comunican amor de la misma forma y sienten que sus necesidades en la relación son entendidas y atendidas. En cambio, si falta compatibilidad, se requiere más esfuerzo para comprender cuándo la otra persona comunica amor o quiere aportar algo a la relación. Puede existir una mala interpretación del lenguaje del otro, el cual es necesario aprender a descifrar correctamente.

Luna en el mismo signo o en signo del mismo elemento

Existe una compatibilidad natural entre estas lunas natales. Se habla el mismo idioma emocional y las dos personas se entienden perfectamente.

Luna en signos de la misma polaridad

Los signos de fuego se comprenden bien con los de aire y viceversa. Los signos de tierra se comprenden bien con los de agua y viceversa.

Signos opuestos

Cuando dos signos lunares están opuestos entre sí, se genera atracción magnética. Cuando los opuestos se atraen, se juntan. Y cuando se juntan, se transforman. Aunque también pueden chocar y entrar en conflicto. Como regla general, cuando hay mucha atracción, hay diferencia y mucho aprendizaje. Y suele también surgir el conflicto. Las relaciones de este tipo nos enseñan mucho, aunque suelen representar un desafío. Son relaciones que no se estancan, y si se sabe manejar el conflicto con gracia y respeto, representan una gran fuente de aprendizaje y evolución.

Compatibilidad entre lunas natales

SIGNO LUNAR	ARIES	TAURO	GÉMINIS	CÁNCER	LEO	VIRGO
ARIES	Ideal	Neutra	Media	Baja	Buena	Baja
TAURO	Neutra	Ideal	Neutra	Media	Baja	Buena
GÉMINIS	Media	Neutra	Ideal	Neutra	Media	Baja
CÁNCER	Baja	Media	Neutra	Ideal	Neutra	Media
LEO	Buena	Baja	Media	Neutra	Ideal	Neutra
VIRGO	Baja	Buena	Baja	Media	Neutra	Ideal
LIBRA	Alta	Baja	Buena	Baja	Media	Neutra
ESCORPIO	Baja	Alta	Baja	Buena	Baja	Media
SAGITARIO	Buena	Baja	Alta	Baja	Buena	Baja
CAPRICORNIO	Baja	Buena	Baja	Alta	Baja	Buena
ACUARIO	Media	Baja	Buena	Baja	Alta	Baja
PISCIS	Neutra	Media	Baja	Buena	Baja	Alta
SIGNO LUNAR	ARIES	TAURO	GÉMINIS	CÁNCER	LEO	VIRGO

LIBRA	ESCORPIO	SAGITARIO	CAPRICORNIO	ACUARIO	PISCIS	SIGNO LUNAR
Alta	Baja	Buena	Baja	Media	Neutra	ARIES
Baja	Alta	Baja	Buena	Baja	Media	TAURO
Buena	Baja	Alta	Baja	Buena	Baja	GÉMINIS
Baja	Buena	Baja	Alta	Baja	Buena	CÁNCER
Media	Baja	Buena	Baja	Alta	Baja	LEO
Neutra	Media	Baja	Buena	Baja	Alta	VIRGO
Ideal	Neutra	Media	Baja	Buena	Baja	LIBRA
Neutra	Ideal	Neutra	Media	Baja	Buena	ESCORPIO
Media	Neutra	Ideal	Neutra	Media	Baja	SAGITARIO
Baja	Media	Neutra	Ideal	Neutra	Media	CAPRICORNIO
Buena	Baja	Media	Neutra	Ideal	Neutra	ACUARIO
Baja	Buena	Baja	Media	Neutra	Ideal	PISCIS
LIBRA	ESCORPIO	SAGITARIO	CAPRICORNIO	ACUARIO	PISCIS	SIGNO LUNAR

LA LUNA NATAL

Antes de conocer el significado de cada luna natal, es necesario tener en cuenta una premisa:

No hay dos Lunas en Virgo que sean iguales, así como no hay dos Lunas en Aries que lo sean.

El signo lunar viene influenciado por la casa astrológica y las conexiones que realiza la Luna con otros planetas. Es posible que no te identifiques con el signo de tu luna natal o que te identifiques con más de uno de los signos lunares. Es natural que así sea, ya que nadie pertenece únicamente a una categoría y difícilmente tendrá rasgos únicos. Por ejemplo: una luna natal en Aries que hace conexión con Urano actuará con rasgos de la Luna en Acuario, o una Luna situada en la casa astrológica número ocho, tomará influencia de la Luna en Escorpio. Cuanto mayor sea la exactitud de la relación matemática entre un planeta y la Luna, mayor será la influencia que este tenga sobre la vida emocional de la persona.

Al comienzo de la descripción de cada signo lunar, encontrarás cuáles son las casas astrológicas y los aspectos o conexiones planetarias que se asemejan a tener la Luna en ese signo. Si, por ejemplo, naciste con la Luna en Tauro en casa 3 y con aspecto a Saturno, tendrás características de la Luna en Tauro, con influencias de Luna en Géminis (signo de la casa 3) y Capricornio (regido por Saturno).

LUNA EN
ARIES

Elemento fuego
Activa y directa
Modalidad cardinal
Líder y proactiva
Similar a
Luna en casa 1, Luna en aspecto a Marte

«Vive como si fueras a morir mañana».

Gandhi

Las personas nacidas con la Luna en Aries tienen un fuego interior que siempre está encendido: sus reacciones emocionales son sinceras, inmediatas, directas y a veces explosivas. Siendo el primer signo de fuego, de la emoción se pasa directamente a la acción. Siendo la expresión tan espontánea, son francos y entusiastas y pueden llegar a ser demasiado directos. El amor es un campo de batalla donde se puede o jugar o luchar. Si el contacto emocional no tiene chispa y fuego, no se sienten amados, hasta el punto de generar conflicto si las cosas están muy tranquilas. Necesitan que el intercambio se sienta directo, encendido, real y espontáneo. Quieren mucha libertad y pueden evadir el compromiso por miedo a perderla. No muestran fácilmente sus debilidades. No les gusta la dependencia emocional o las personas que se quejan y se victimizan. Aries es un signo regido por Marte, el planeta guerrero. Se puede sentir su naturaleza guerrera cuando luchan por un propósito o cuando deben defender a quienes aman. Disfrutan de un poco de conflicto y pueden volverse temperamentales y hasta algo agresivos. Se impacientan con facilidad y odian sentirse estancados. Les atraen personas aventureras, valientes e independientes.

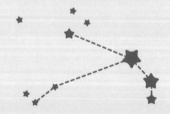

Características

Independientes, apasionados, extrovertidos, protectores, ansiosos, hiperactivos, de gran iniciativa, impulsivos, impacientes, impetuosos, siempre orientados al futuro, trotamundos, siempre en la búsqueda de nuevas experiencias.

Qué necesitan los nacidos con la Luna en Aries:

Su necesidad fundamental es la conquista y el logro de sus objetivos y ambiciones. Sentir que ganan, vencen las adversidades, superan los obstáculos y llegan a la meta.

Estimular y activar a los demás es su forma de vivir la emoción, por lo tanto, también quieren ser estimulados y activados por quien los ama. Quieren oír frases como «¡Vamos a hacer algo!». Aman que los motiven y los impulsen. Necesitan mucha sinceridad y libertad.

Qué motiva a una Luna en Aries:

Los desafíos, lo nuevo y la conquista.

Cómo demostrar amor a una persona nacida con la Luna en Aries:

- Invítalo a escalar una montaña o a hacer deporte
- Sé muy directo
- Proponle un juego
- Desafíalo
- Invítalo a una aventura
- Dile que es el mejor

Demostrará amor de la misma forma.

Relación primordial de la Luna en Aries

Para la Luna en Aries, la primera interacción de afecto se vivió como una intromisión o una castración de sus instintos.

Probablemente creció en un ambiente donde existía mucha agitación o conflicto entre los padres, por lo que tiende a tener afectivizado el conflicto. Esto significa que, si en sus relaciones no hay un componente de lucha o antagonismo, no encuentra ese amor conocido y no se siente amado. Probablemente sienta que busca paz y que no quiere más conflicto o eche la culpa a los demás de la tensión que se genera en las relaciones. Aunque es lo que busca, ya que para él representa la dinámica original del amor.

Puede que asuma el lado conflictivo y sea el que busca pelea o que proyecte ese rol en el otro buscando una pareja conflictiva que empiece la pelea.

LUNA EN
TAURO

Elemento tierra
Práctica y concreta

Modalidad fija
Estable y confiable

Similar a
Luna en casa 2, Luna en aspecto a Venus

«El placer da lo que la sabiduría promete».

Voltaire

Los nacidos con esta Luna son cariñosos y muy sensoriales. Los cinco sentidos están profundamente entrelazados a las emociones; por lo tanto, los sabores, las texturas y los colores son muy importantes para ellos.

Tauro es un signo regido por Venus, que caracteriza la sensualidad y los valores tangibles. Les agradan las posesiones y el dinero, no porque les guste ostentar, sino por la seguridad que representan. Precisamente seguridad y estabilidad son las dos necesidades primordiales para esta Luna. Tienen dotes artísticas y estéticas, y les agrada el arte, la naturaleza y todo lo relacionado con la belleza.

Son perseverantes y la naturaleza fija de este signo los hace quedarse en una relación o situación por inercia. Recuerda que los signos fijos mantienen la energía y para la Luna en Tauro el cambio puede verse como una amenaza a su seguridad. Son fieles y confiables, ya que cuando están en una relación no quieren cambiar las cosas, quieren permanecer. Por lo mismo pueden aguantar muchísimo y se quedan en situaciones difíciles más de la cuenta: los nacidos con la Luna en Tauro pueden aguantar de todo siguiendo como si nada, pero el día que fue demasiado nunca más volverán atrás.

Son perseverantes y se orientan a logros materiales y tangibles que suelen conseguir.

Buscan comodidad, algo que se sienta bien y allí permanecen. La Luna en Tauro es de emociones serenas, firmes, consecuentes. En astrología se considera que cuando la Luna está en Tauro se «exalta», porque en este signo puede dar lo mejor de sí.

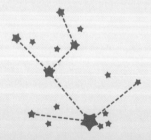

Características

Resistentes, leales, tolerantes, estables, hogareños, persistentes, celosos, prácticos, confiables, sensuales, obstinados.

Qué necesitan los nacidos con la Luna en Tauro:

Estabilidad y comodidad dan la sensación de seguridad. Lo material es importante: una cuenta en el banco, una casa propia o la garantía de que el dinero no va a faltar dan estabilidad emocional a una Luna en Tauro. El contacto físico, los abrazos, las caricias son también una necesidad para esta Luna.

Qué motiva a una Luna en Tauro:

Lo agradable a los cinco sentidos, lo cómodo y todo aquello que aporte seguridad y estabilidad.

Cómo demostrar amor a una persona nacida con la Luna en Tauro:

• Hazle un masaje
• Regálale un perfume o una joya
• Invítalo a comer algo rico
• Abrázalo o dale cariño
• Transmítele seguridad
Demostrará amor de la misma forma.

Relación primordial de la Luna en Tauro

Los nacidos con la Luna en Tauro experimentaron el amor como algo tangible y físico. La presencia de lo material fue muy importante en su infancia. Desde la caricia y el abrazo, pasando por la comida, hasta lo que los rodeó materialmente. La relación con lo material probablemente fue muy importante en el ambiente en el cual crecieron: posesiones, dinero, comida, etc. Esta importancia puede deberse sea a un exceso que a una carencia de lo material.

La seguridad se asoció a tener algo y, para tenerlo, hay que mantenerlo, hay que aferrarse. La forma de mantener el control es quedarse fijo e inmutable. El afecto es intercambiado muchas veces por comida, regalos o lo material en general. Podemos decir que, a un nivel profundo e inconsciente, todos asociamos el amor con seguridad, pero en el caso de los nacidos con la Luna en Tauro esto está muy arraigado.

La Luna en Tauro puede aguantar suplicios para mantener una relación. Son esas personas que perdonan muchas veces, no por comprensión y empatía, sino más bien por el terror al cambio.

LUNA EN
GÉMINIS

Elemento aire
Mental y elocuente

Modalidad mutable
Flexible y cambiante

Similar a
Luna en casa 3, Luna en aspecto a Mercurio (en signos de aire)

«Duda de todo, encuentra tu propia luz».

Buda

Los nacidos con la Luna en Géminis se vinculan con el mundo a través de las palabras y la interacción intelectual. Su universo es el mundo de las ideas y la información representa una seguridad: entender, comprender, expresar algo es una forma de sentir que tienen estabilidad, ya que «saben» qué sucede. Su manera de procesar las emociones es mental, analizan y sacan conclusiones acerca de qué se siente y por qué. Comunicar e intercambiar información es su modo de sentir que hay afecto. Son muy curiosos y se «alimentan» de datos. Tienen una capacidad extrema de versatilidad y adaptación, siempre están cambiando para cambiar de nuevo. Pero poseen la capacidad de tomar decisiones inmediatas gracias a su naturaleza intelectual, que procesa muchos datos al mismo tiempo y con inigualable velocidad. Encuentran satisfacción en hacer dos o más cosas al mismo tiempo y quisieran estar en dos lugares a la vez. Como están siempre pendientes de más información, les cuesta profundizar y estar realmente presentes.

Son juguetones, divertidos, con gran sentido del humor y óptimos comunicadores.

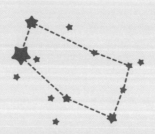

♊

Características

Carismáticos, comunicativos, ingeniosos, ocurrentes, cambiantes, inteligentes, habilidosos, flexibles, juveniles, comediantes, versátiles, humoristas.

Qué necesítan los nacidos con la Luna en Géminis:

La Luna en Géminis necesita sentir que puede comunicarse con su entorno mientras intercambia información. También necesita variedad, sentir que tiene la libertad de expresarse y de cambiar de opinión.

Qué motiva a una Luna en Géminis:

El contacto donde puede intercambiar información y las actividades que requieren buena sincronización como música, deportes o juegos. Comunicar.

Cómo demostrar amor a una persona nacida con la Luna en Géminis:

- Regálale un libro
- Escúchala
- Pásale datos o información interesante
- Cuéntale un chiste

Demostrará amor de la misma forma.

Relación primordial de la Luna en Géminis

Los nacidos con la Luna en Géminis crecieron en un ambiente donde el intelecto significó afecto. Las ideas, las palabras, la explicación y comprensión de los vínculos tomaron el lugar de los sentimientos, por lo tanto, ambas cosas están fuertemente asociadas.

Para el nacido con la Luna en Géminis muchas veces sentir será pensar. Esto genera confusión, ya que son dos niveles de experiencia diferentes que pueden actuar de forma independiente. Puede sentir algo mientras piensa algo distinto de lo mismo y esto genera confusión y la sensación de pérdida de control. Esto puede hacer que utilice con más determinación su mecanismo lunar, tratando de procesar la emoción a nivel mental, generando un círculo vicioso.

Los nacidos con la Luna en Géminis conocen un amor que es hablado, explicado, comprendido y eso los mantiene a salvo de sentir de verdad. Aunque no pueden evitar sentir y viven el sentimiento como una amenaza a la propia claridad mental y explicaciones que les dan seguridad.

Cuando se presenta una dificultad o se siente inseguro, el nacido con esta Luna habla, explica, razona, para evitar que la emoción prevalezca. Como su naturaleza no es únicamente mental, las emociones se hacen sentir de vez en cuando y se refugian en sus explicaciones y deducciones, abstrayéndose de lo que realmente sucede y desconectándose de los sentimientos.

LUNA EN
CÁNCER

Elemento agua
Sensible e intuitiva

Modalidad cardinal
Líder y proactiva

Similar a
Luna en casa 4 y a nacer con la Luna y el Sol en conjunción (luna nueva).

«Nuestro primer mantra es el latido del corazón de nuestra madre».

Shiva Rea

Los nacidos con la Luna en Cáncer son muy sensibles y poseen un fuerte instinto protector. Ponen en primer lugar sus lazos emocionales y se comportan de forma muy maternal con las personas que quieren. Para ellos, la casa, la comida y la familia son muy importantes. Lo que se ama debe nutrirse y protegerse. Son tímidos y reservados, pero cuando forman parte de su círculo íntimo, son muy tiernos y cariñosos. La Luna en Cáncer quiere cuidar de todos y suele saber cocinar muy bien. Se interesan naturalmente por las necesidades de los demás y suelen preguntarte cómo dormiste o comiste. Comida y afecto son casi sinónimos para los nacidos con la Luna en Cáncer y pueden desarrollar problemas alimentarios si no se sienten seguros o amados. Tienen una enorme capacidad para conectarse con las necesidades reales de quienes los rodean y saben contenerlos emocionalmente.

Cáncer es el signo de la Luna y, como la Luna, los nacidos con la Luna en él fluctúan y oscilan. Sus emociones suben y bajan, cambian, de forma invariable y cíclica. Son vulnerables y todo lo sienten profundamente; puedes herirles con un simple comentario, aunque no van a reaccionar porque no mostrarse es una de sus maneras de protegerse.

Como todas las Lunas en signos de agua, es muy intuitiva y recibe muchísima información de lo que la rodea: siente lo que sienten los demás, lo que sucede en el entorno, la carga emocional del ambiente. Suele absorberlo y a veces no sabe diferenciar entre las propias emociones y las emociones de quienes la rodean.

Características

Sensibles, hogareños, cálidos, maternales, tiernos, introspectivos, susceptibles, tímidos, intuitivos.

Qué necesitan los nacidos con la Luna en Cáncer:

• Lazos emocionales íntimos y confiables
• Nutrir y sentirse nutrido
• Protección y proteger a los demás

Qué motiva a una Luna en Cáncer:

La familia, cuidar a los demás, la casa, la comida.

Cómo demostrar amor a una persona nacida con la Luna en Cáncer:

• Preguntándoles si durmió bien
• Con una rica comida
• Cuidándolo
• Regálale un pijama, una manta o pantuflas
• Preocupándote por cómo se siente
Demostrará amor de la misma forma

Relación primordial de la Luna en Cáncer

Los nacidos con la Luna en Cáncer crecieron en un ambiente donde los cuidados necesarios de su niñez estuvieron presentes en uno de los dos extremos: o un exceso o una falta de protección, nutrición y afecto.

Si vivieron el extremo donde no recibieron suficientes cuidados, aprendieron a ser madres de sí mismos y, en este caso, son muy autosuficientes y excelentes cuidadores de todos, pero no saben cómo dejarse cuidar.

Conocen un amor donde uno es hijo y el otro es padre y les cuesta entablar una relación equitativa. Tenderán a ser hijos o padres en sus relaciones de pareja y a aferrarse al rol que eligen.

En el «amor conocido», hay un responsable de los cuidados y uno que los recibe. Da o toma, pero no puede hacer ambas cosas.

Tienden a permanecer en el rol de hijo dependiente después de la vida adulta o, por lo contrario, a tomar el rol de padres de sus propios padres.

En ambos casos, pueden sentir mucha soledad, ya que nunca están a la par, siempre están por encima o por debajo del otro. Independientemente de la forma que elijan, dar o recibir, faltará una de las dos y el amor es un dar y recibir, por lo que experimentan el conflicto de no sentirse plenos.

LUNA EN
LEO

Elemento fuego
Activa y directa

Modalidad fija
Estable y segura

Similar a
Luna en casa 5, Luna en aspecto al Sol.

«Brilla como si todo el universo fuera tuyo».

Rumi

La Luna en Leo posee una natural espontaneidad y una sonrisa cálida. Si consideramos que Leo tiene las características del Sol, su regente, podemos comprender que esta Luna se dedica a irradiar energía emocional y calor constantemente. Reaccionan con fresco entusiasmo y suelen ser divertidos, algo teatrales, e impactar con su creatividad. Son muy generosos, sienten que es su deber estar dando constantemente. Pero lo hacen desde un lugar muy especial, ya que poseen un fuerte sentido de sí mismos. Sienten que tienen mucho para dar y es cierto. Cuando no vienen retribuidos por el calor que dan, pueden sentirse indignados, ya que poseen un fuerte orgullo. Son románticos y tratan a los que aman con mucha admiración y desean recibir lo mismo. Poseen la frescura de los niños y se mantienen curiosos y alertas a nuevas formas de expansión. Son buenos líderes, ya que poseen mucha confianza y suelen ser muy optimistas.

Para esta luna natal no es fácil mostrar vulnerabilidad y pueden sentirse expuestos cuando no se les percibe o reconoce. Cuando esto sucede, esta Luna se cierra y busca ambientes seguros donde sí se le retribuye calor humano y admiración. En este caso, actuará de formas muy diferentes según el ambiente donde se encuentre: abierto, cálido y espontáneo donde sabe que recibe retribución emocional; y cerrado y frío donde no.

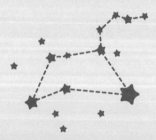

Características

Serviciales, atentos, románticos, curiosos, llenos de sorpresas, auténticos, optimistas, radiantes, expresivos, ambiciosos, alegres, con mucha confianza en sí mismos, líderes, selectivos y algo altivos.

Qué necesitan los nacidos con la Luna en Leo:

- Admiración
- Calor humano
- Expansión constante
- Sentirse especiales
- Libre expresión

Qué motiva a una Luna en Leo:

Generar un impacto positivo, la alegría y espontaneidad.

Cómo demostrar amor a una persona nacida con la Luna en Leo:

- Háblale de sus talentos
- Dile que es única
- Recuérdala siempre en las fechas importantes
- Escúchala y obsérvala con mucha atención
- No la interrumpas

Demostrará afecto e interés de la misma forma.

Relación primordial de la Luna en Leo

Las experiencias tempranas de la Luna en Leo se relacionan con ser ultraimportante para alguien. Ser el centro de atención es una experiencia común para todos los bebés y niños pequeños, pero en el caso de la Luna en Leo, esto tomó el significado de ser amado.

El vínculo se conforma de una persona que es adorada y otra que adora. Cuando la persona con la Luna en Leo no se siente reconocida, reacciona cerrándose, a veces con arrogancia. Esta reacción tiende a ser tan impulsiva como incomprendida por la persona misma. Tienden a entablar relaciones donde pueden ser el centro del mundo de la otra persona, pero por el contrario, pueden vivir reclamando atención y consideración.

Si en la infancia la persona sintió que no tuvo suficiente atención, puede que proyecte una falta de atención constante: no importa cuánta atención le den, nunca es suficiente y nunca se siente realmente reconocida o especial (lo que para la persona equivale a ser amada de verdad). Este mecanismo puede funcionar también de forma más drástica y la persona atraerá justamente a personas que no la valoran para revivir la herida de la infancia. En este caso, puede llegar al punto de evitar las relaciones para no sentir nuevamente el dolor de ser rechazada cada vez que no le dan el lugar o la atención deseada, o también a desvalorizarse peligrosamente.

LUNA EN
VIRGO

Elemento tierra
Práctica y concreta

Modalidad mutable
Flexible y cambiante

Similar a
Luna en casa 6, Luna en aspecto a Mercurio (en signos de tierra).

«La simplicidad es la máxima sofisticación».

Leonardo da Vinci

Los nacidos con la Luna en Virgo poseen una detallada y extensa capacidad de analizar las emociones y catalogarlas. Suelen ser muy conscientes de sí mismos y del entorno que buscan ordenar y discernir. Tienen fuertes principios y un sentido de qué está bien y qué está mal. Suelen enfocarse en mejorar constantemente aunque esto puede dar una sensación de que nunca están suficientemente bien.

El desafío de este signo se basa en su naturaleza de un elemento tierra que busca estabilidad y una modalidad mutable que busca constante cambio. El perfeccionismo es una característica de los nacidos con esta luna natal, que los impulsa a un trabajo constante a veces acompañado de una preocupación de no hacerlo suficientemente bien.

Son serviciales, ya que una de las cosas que más desean es ayudar a mejorar al entorno. Buscan el orden mental, emocional y físico, y son excelentes organizadores del entorno. Son modestos y responsables y se sienten seguros cuando hay un protocolo que seguir. Tienen enormes capacidades para trabajos que requieren detalle, orden, y adoran actividades donde sienten que son útiles para organizar, cuidar, curar y purificar su entorno.

Su gran capacidad analítica del mundo emocional los puede hacer sentir constantemente desafiados, ya que las emociones no son ni lógicas ni catalogables. Encuentra paz cuando se siente útil al entorno, cuando ordena y organiza. Son personas prudentes, confiables y nobles, aunque a veces demasiado duras consigo mismas o con los demás. Pero siempre con la intención noble de servir.

♍

Características

Nobles, prudentes, formales, reflexivos, perfeccionistas, responsables, serviciales, ordenados, reservados, introspectivos, analíticos, prácticos, determinados, confiables, cerebrales.

Qué necesitan los nacidos con la Luna en Virgo:

- Un sentido de orden interior y exterior
- Relaciones claras
- Poder hablar de sentimientos
- Actividades de servicio a los demás o al ambiente

Qué motiva a la Luna en Virgo:

Obras caritativas, cuidar de los enfermos y las mascotas, ordenar y organizar. Actividades saludables y en general ocupaciones que tienen que ver con la salud.

Cómo demostrar amor a una persona nacida con la Luna en Virgo:

- Habla claro acerca de lo que sientes
- Proponle actividades saludables
- Escúchalo
- Ayúdalo con cuestiones prácticas
Demostrará amor de la misma forma.

Relación primordial de la Luna en Virgo

Probablemente el niño con la Luna en Virgo creció en un ambiente donde la protección y el amor tuvieron que ver con reglas y dogmas que no dejaron espacio para su espontaneidad y exploración natural.

También cabe la opción opuesta, donde sintió que los adultos tuvieron una completa falta de orden y fue él el responsable de instaurar un orden en la familia.

En ambos casos, el niño se comportó como un adulto desde muy pequeño y la enorme capacidad de percibir que no está en su lugar, interna y externamente, lo hace sentir bajo constante presión y exigencia. El amor conocido está asociado a un orden y a una madurez emocional y material donde la espontaneidad se vive como un peligro. Por lo tanto, las personas con la Luna en Virgo sienten que necesitan controlar todos los detalles y ejercer un constante esfuerzo para que todo sea perfecto.

Para la Luna en Virgo amar puede significar servir o salvar al otro, con las obvias consecuencias que esto conlleva.

Llevado al extremo, este amor conocido puede resultar en relaciones con personas con adicciones, enfermedades o situaciones fuera de control, las cuales la Luna en Virgo siente que puede resolver. De esa forma, se sienten útiles y evitan enfrentarse a la sensación de que hay algo fuera de lugar en ellos mismos.

LUNA EN
LIBRA

Elemento aire
Mental y elocuente

Modalidad cardinal
Líder y proactiva

Similar a
Luna en casa 7, Luna en aspecto a Venus (en signos de aire).

«La verdadera felicidad yace en hacer felices a los demás».

David O Mckay

El nacido con la Luna en Libra desea armonía y aceptación de los que lo rodean. Tiene como antenas mágicas para saber qué desea su entorno y siente una constante necesidad de dárselo. Como su naturaleza es mental por ser un signo de aire, puede sentirse indeciso antes de reaccionar ante una situación.

Son excelentes mediadores, diplomáticos y comunicadores, ya que encuentran una profunda satisfacción en apaciguar y satisfacer a todos los que lo rodean.

Suelen ser sociables y populares, ya que todos encuentran un gran valor a relacionarse con ellos. Tienen un gran sentido estético, buscan elegancia y son tremendos seductores.

Las relaciones son fundamentales para el nacido con esta Luna y están siempre pendientes del otro, a costa de sus propias necesidades. La búsqueda constante de armonía los lleva a evitar el conflicto, hasta el punto de que pueden no ser sinceros para no incomodar al otro. Esto puede llevar a la Luna en Libra a momentos de frustración donde, después de desequilibrarse para satisfacer al entorno, deben llevar la balanza al lado opuesto. En este caso, reaccionan de forma brusca y defensiva, como diciendo «ya di demasiado, no me molesten».

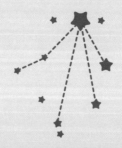

♎

Características

Sociables, creativos, comunicativos, mediadores, diplomáticos, tolerantes, condescendientes, populares, objetivos, con gran sentido estético, seductores.

Qué necesitan los nacidos con la Luna en Libra:

• Aceptación
• Relaciones armónicas
• Seducir al entorno
• Actividades donde canalizar su anhelo de arte y belleza, como la pintura, la moda, la decoración, etc.

Qué motiva a una Luna en Libra:

Ser anfitrión de eventos, relaciones románticas, el arte en todas sus formas.

Cómo demostrar amor a una persona nacida con la Luna en Libra:

• Preocúpate de ponerlo cómodo
• Hazle cumplidos inteligentes
• Aprecia su forma de vestir o su estilo
• Mantén una conversación amena
• Háblale de cultura o de arte
Demostrará amor de la misma forma.

Relación primordial de la Luna en Libra

La persona nacida con la Luna en Libra creció en un ambiente donde era importante satisfacer a los demás. Y también entre los padres existió esta dinámica: uno de ellos se dedicó a agradar y el otro a ser agradado.

La exigencia constante de adaptarse a los deseos del otro está naturalizada y asociada al amor. Es probable que desarrolle codependencia, ya que está siempre pendiente de los deseos de quien ama, no puede anteponerlos a sus propias necesidades.

El amor visto siempre desde el lado del otro puede llevarlo a drenarse completamente anulando sus necesidades y deseos. Esta dinámica tiene un lado oscuro, ya que querer agradar constantemente es una forma de hipocresía y de control muy sutil. A nivel interno, genera una sensación de no ser genuino y de no ser amado nunca por lo que uno es realmente. También genera frustración y hasta rabia reprimida, porque la persona siente que deja de lado sus necesidades para ocuparse de las de los demás.

Esto puede hacer que alterne entre darlo todo por el otro hasta sentirse drenado y frustrado. Y se pasa de periodos donde la persona se enfoca plenamente en satisfacer a los demás, a periodos donde debe cerrarse y solo centrarse en sí. Este segundo periodo suele ser acompañado por frustración y enojo. Libra de por sí es el signo de la búsqueda del equilibrio y el equilibrio se encuentra, como todo, primero perdiéndolo.

LUNA EN
ESCORPIO

Elemento agua
Sensible e intuitiva

Modalidad fija
Estable y segura

Similar a
Luna en casa 8, Luna en aspecto a Plutón.

«Ella es el agua. Lo suficientemente poderosa para ahogarte, lo suficientemente suave para limpiarte, lo suficientemente profunda para salvarte».

Adrian Michael

La naturaleza pasional de los nacidos con la Luna en Escorpio puede pasar desapercibida a simple vista, ya que las emociones tienden a ser tan profundas que se ocultan. Esta característica puede comprenderse mejor si tenemos en cuenta que Escorpio es un signo de agua y la naturaleza del agua es fluir, pero se trata de un signo fijo, que retiene.

Esta luna natal es la más intensa de todas y siente todo con muchísima presencia y precisión. Saben qué siente el entorno y eso les provoca desconfianza del mundo en general, ya que perciben un mundo donde la mayoría no muestra sus verdaderas intenciones o sentimientos.

Sus emociones se caracterizan por una oscilación constante entre extremos, ya que todo se va transformando y pasan de sentirse maravillosamente a sentirse fatal. La muerte simbólica emocional, caracterizada por un momento de emociones abismales, es cíclica. Este constante proceso de muerte o de renacimiento hace de la Luna en Escorpio una Luna extremadamente resistente. Sobreviven situaciones mortales o enfermedades terminales, y vuelven más fuertes que antes.

La Luna en Escorpio puede sentir que debe controlarlo todo para sentirse segura emocionalmente. Esto se desencadena porque sienten las emociones más ocultas del entorno. Por esto a veces se mostrarán como personas celosas y posesivas. Su naturaleza fuertemente cíclica las impulsa a transformarse constantemente y suelen sofisticarse muchísimo con los años.

♏

Características

Intuitivos, pasionales, profundos, transformadores, selectivos, radicales, misteriosos, guerreros, posesivos, resistentes, desconfiados, perceptivos.

Qué necesitan los nacidos con la Luna en Escorpio:

- Sentir que pueden confiar en su entorno
- Sinceridad
- Profundidad (odian lo superfluo)
- Espacio y tiempo para transformarse cada tanto

Qué motiva a una Luna en Escorpio:

Los desafíos, los misterios, la pasión y la transformación.

Cómo demostrar amor a una persona nacida con la Luna en Escorpio:

- Cuéntale un secreto
- Háblale de tus emociones profundas
- Sé totalmente sincero
- Muéstrale tu pasión y tu intensidad

Demostrará amor de la misma forma.

Relación primordial de la Luna en Escorpio

Para los nacidos con la Luna en Escorpio, el nacimiento y la relación con la madre se vivió de forma intensa y extrema. Muchas veces hubo un parto difícil o complicaciones médicas que hicieron que madre o hijo lucharan por la vida. Esta característica de luchar por la supervivencia quedará asociada al amor. Con la Luna en Escorpio tenemos esta asociación del amor, con el instinto de supervivencia. El amor es una cuestión de vida o de muerte, si me lo quitas, si me dejas, me puedo morir. Hay como un sexto sentido, una clara e infalible intuición, ya que la persona está acostumbrada desde pequeña a observar atentamente todos los matices emocionales que la rodean. Conoce las intenciones de las personas gracias a su «olfato», que no falla: a fin de cuentas, cree que su vida depende del amor. Por lo tanto, el amor se vive de forma intensa, absoluta. Todo se siente amplificado. Las rupturas amorosas equivalen a una muerte emocional, que luego trae la transformación. Los nacidos con la Luna en Escorpio son tremendamente fuertes emocionalmente. Su fuerza nace de las muertes y renacimientos periódicos que viven a nivel emocional. Esto provoca una oscilación donde nunca se está bien, o se está maravillosamente bien o catastróficamente mal. Tiene un mecanismo parecido a la Luna en Aries: si no hay intensidad debe provocarla, porque su ausencia se siente peor que el conflicto. En vez de provocar acción como la Luna en Aries, busca provocar la transformación a través del conflicto.

LUNA EN
SAGITARIO

Elemento fuego
Activa y directa

Modalidad mutable
Flexible y cambiante

Similar a
Luna en casa 9, Luna en aspecto a Júpiter

«Tus límites están en lo alto, esperándote, más allá del infinito».

Henry Arnold

Los nacidos con la Luna en Sagitario reaccionan con optimismo y búsqueda de expansión constante. Las emociones no están para ser sentidas, están para ser el combustible de un movimiento que impulse más allá. Son muy apasionados, divertidos, sociables y alegres. Pueden parecer muy sensibles, ya que cada emoción la expresan al máximo, pero no es una cuestión de sensibilidad emocional, sino más bien la forma en la que procesan las emociones.

Son muy sinceros e independientes. El refugio emocional para esta Luna, de elemento fuego y modalidad mutable, es moverse, irse de viaje, proyectarse a sus mejores planes y sueños. Son idealistas y reaccionan de forma sofisticada, ya que esta Luna tiene integrada una sabiduría filosófica profunda. Aman profundamente la libertad y son buscadores de la verdad. Son inquietas, necesitan moverse, especialmente cuando hay un proceso emocional difícil en curso. Son directos y generalmente muy divertidos y alegres.

Tienen una confianza natural en la vida, en la suerte y en el lado bueno de todas las cosas. Brillan hasta que todo se mantiene ligero y positivo, pero no toleran los aspectos negativos de la vida y tienden a evadir las emociones que no son felices. Lo hacen disparando a otro universo, yéndose de viaje, a un concierto, a donde sea que puedan seguir aferrados a una experiencia en curso. Les cuesta parar y enfrentarse, pero lo hacen cuando ya no pueden seguir evadiéndose. Y su gran sabiduría innata los ayuda mucho a sacar lo positivo de cada experiencia y a volver a brillar.

Pueden actuar de forma egoísta sin darse cuenta, ya que su meta siempre está más allá del aquí y ahora. En general, son muy bondadosos, espirituales, generosos y expansivos.

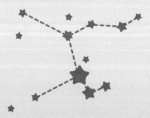

Características

Entusiastas, sociables, independientes, divertidos, apasionados, bondadosos, liberales, sinceros, defensores de la verdad, energéticos, alegres, inquietos, optimistas.

Qué necesitan los nacidos con la Luna en Sagitario:

Explorar territorios nuevos o comprender nuevas verdades alimenta la Luna en Sagitario. El viaje exterior o interior (autoconocimiento) es su combustible.

Qué motiva a una Luna en Sagitario:

Los viajes, la filosofía, el optimismo, nuevas experiencias.

Cómo demostrar amor a una persona nacida con la Luna en Sagitario:

- Háblale de filosofía
- Invítalo a viajar
- Proponle una aventura
- Háblale de tus sueños
- Regálale un libro de filosofía o espiritualidad
- Cántale una canción
- Hazlo reír

Demostrará amor de la misma forma.

Relación primordial de la Luna en Sagitario

Para los nacidos con la Luna en Sagitario el amor en temprana edad se asoció a la vitalidad, la expansión y la positividad. Lo externo, lo lejano e inexplorado fueron considerados como refugios. Los padres, o extremadamente preocupados y negativos, o inconscientemente positivistas, marcaron la forma en que el niño se siente amado. Brillan hasta que todo se mantiene ligero y positivo, pero no toleran los aspectos negativos de la vida y tienden a evadir las emociones que no son felices. Suele existir un exceso en la expresión de las emociones, lo cual no equivale a sentirlas en exceso. Más bien hay que hacer algo de ellas. El nacido con la Luna en Sagitario siempre sueña con algo más allá, más lejano, inexplorado y por descubrir. Le cuesta la estabilidad, ya que rompe la promesa de ser libre de aspectos que no sean felices y alegres.

LUNA EN
CAPRICORNIO

Elemento tierra
Práctica y concreta

Modalidad cardinal
Líder y proactiva

Similar a
Luna en casa 10, Luna en aspecto a Saturno

«Merezco algo entero, intenso, indestructible».

Frida Kahlo

Los nacidos con la Luna en Capricornio sienten que tienen que ser responsables de sus necesidades desde temprana edad. Muestran seriedad y aparentan una gran madurez desde pequeños. Son tímidos y no muestran vulnerabilidad, pero el elemento tierra de este signo los hace cariñosos y tiernos. Son cautelosos y buscan ser muy prácticos con respecto a sus emociones. Tienen la idea de que no pueden contar con los demás y por eso nunca piden ayuda. Y cuando se la ofreces, difícilmente aceptarán. Aceptarla los hace sentir muy vulnerables, cosa que los nacidos en la Luna en Capricornio detestan. Tienen la idea que no son lo suficientemente capaces y siempre se centran en mejorar. Algunos la llaman la «luna alquímica» por su constante sofisticación emocional. Así como Capricornio representa a la cabra que sube paso a paso una montaña, ellos, paso a paso, van mejorando su gestión emocional.

Se muestran fríos, pero son muy cariñosos en familia y con los afectos cercanos. Son confiables, determinados, disciplinados y muy estables en sus elecciones amorosas, pero se acercan despacio y con cautela antes de decidir que eres de fiar y vales la pena para entrar a su círculo íntimo.

En el amor son prácticos y suelen hacer planes a largo plazo, con mucha seriedad y estabilidad. Los nacidos con la Luna en Capricornio construyen los vínculos poco a poco, pero con la intención de que duren para siempre. Son ambiciosos y necesitan sentir que tienen algún tipo de prestigio o respeto social. Son leales y saben conservar lo que conquistan.

Anhelan mucho tener experiencia y su vida cambia cuando la consiguen, ya que empiezan a sentirse mucho más seguros y se pueden relajar un poco de tanta autoexigencia.

♑

Características

Conservadores, cautelosos, tiernos, dominantes y poco complacientes, íntegros, estables, concretos, leales, ambiciosos, poco expresivos, disciplinados.

Qué necesitan los nacidos con la Luna en Capricornio:

- Logros materiales que aportan seguridad y estabilidad
- Experiencia, saber cómo funciona la vida y sentirse capaces
- Relaciones serias y de confianza
- Prestigio

Qué motiva a una Luna en Capricornio:

Tener una meta, cuanto más difícil, mejor.

Cómo demostrar amor a una persona nacida con la Luna en Capricornio:

- Inclúyelo en tus planes a largo plazo
- Demuéstrale importancia
- Háblale de trabajo y de metas sociales o económicas
- Dale cariño físico como un abrazo o una caricia

Demostrará amor de la misma forma.

Relación primordial de la Luna en Capricornio

Para los nacidos con la Luna en Capricornio, la seriedad y el rigor estuvieron muy presentes en sus relaciones primordiales, porque experimentaron una carencia afectiva. Se sintieron responsables y con la obligación de ser adultos desde pequeños debido a padres demandantes o, por el contrario, debido a falta de cuidados en su infancia.

Es importante considerar que, aunque no sea el escenario específico en la infancia de la persona, es la manera en la que la experimentó. Pedir ayuda o mostrar vulnerabilidad les aterroriza porque tienen la certeza de que si lo hacen no recibirán apoyo y esto les hará vivir nuevamente el trauma de ser abandonados o no cuidados.

Por lo tanto, son muy serios y responsables en sus relaciones, pero raramente muestran su lado vulnerable y piden cariño o ayuda, tienden más bien a mostrarse duros o al menos poco emotivos. Sienten que no pueden contar con los demás y experimentan una soledad constante, que es al mismo tiempo, por extraño que suene, un refugio.

LUNA EN
ACUARIO

Elemento aire
Mental y elocuente

Modalidad fija
Estable y segura

Similar a
Luna en casa 11, Luna en aspecto a Urano

«El arte de no encajar en el mundo y no temblar de soledad».

Elena Poe

Acuario es el tercer signo de aire y tiene modalidad fija, dos factores que complican el fluir de las emociones. Los nacidos con esta Luna observan a las emociones desde lo alto de la mente objetiva y raramente deciden bajar al nivel emocional a sentirlas. Esto genera muchísima claridad y objetividad acerca de lo que se siente, al mismo tiempo que una separación de las propias emociones.

Esta Luna es conocida como la «luna del actor» o la «luna del castillo de cristal». Lo primero porque tienen una gran capacidad para emular las emociones que se suponen que deben ser sentidas, por lo que suelen ser muy buenos actores. Lo segundo porque les es muy difícil conectar a nivel emocional. Están presentes, pero detrás de un cristal que los protege. Louise Huber, en su libro *El Yo Emocional. La Luna en los Signos*, cuenta que cuando los nacidos con la Luna en Acuario deciden conectar y sentir, suele ser imperceptible, ya que salen de su castillo de cristal por un momento y antes de que nos demos cuenta están de nuevo allí, detrás del cristal.

Los nacidos con esta Luna poseen una altísima inteligencia emocional, son comprensivos, buenos amigos, buenos terapeutas y saben muy bien cómo manejar situaciones dramáticas, ya que pueden dejar las emociones de lado y actuar.

No aceptan etiquetas, no siguen modas, no quieren demasiado compromiso. Quieren relaciones amistosas donde hay espacio para la libertad de ser, hacer y pensar.

Para comprender la naturaleza sensible de esta Luna hay que comprender la sensibilidad que yace en el elemento aire, en general muy poco abordada o comprendida. Cuando observas el elemento físico, por ejemplo, el aire que nos rodea, puedes constatar que es más sensible e impregnable, que la mismísima agua. Los nacidos con la Luna en Acuario sienten tanto que no lo pueden explicar y por esto se refugian en la objetividad de su «castillo de cristal». Son muy idealistas y romantizan con las causas nobles y humanitarias. Pero se rebelan a cualquier estatuto o mandato. Suelen tener muchas amistades, con los cuales son sociables, divertidos, y saldrán siempre con algo inesperado. Aman su independencia, que es una de sus necesidades básicas, y por encima de todo aman la libertad de ser, hacer o decir lo que quieren.

Características

Independientes, amistosos, objetivos, libres, rebeldes, originales, testarudos.

Qué necesitan los nacidos con la Luna en Acuario:

Independencia y libertad.

Qué motiva a una Luna en Acuario:

Causas nobles, los amigos, lo diferente.

Cómo demostrar amor a una persona nacida con la Luna en Acuario:

• Respeta sus espacios y su libertad
• Háblale de temas inusuales o de causas humanitarias
• Muéstrale tus puntos de vista diferentes
• Sé un buen amigo
Demostrará amor de la misma forma.

Relación Primordial de la Luna en Acuario

Para los nacidos con la Luna en Acuario el amor conocido fue ausente, de lejos. Hay una separación constante entre él y la persona amada, que le da espacio y libertad.

En la infancia puede haberse sentido muy solo y por eso se refugió en su cabeza. Es común que los nacidos con esta Luna experimentaron la sensación de abandono y aprendieron a formar lazos emocionales con lo lejano.

Como la dinámica es amar a alguien lejano, cuando la persona amada se vuelve cercana, debe poner distancia, escapar o sabotear el vínculo.

Experimentan un amor errático: cuando aman, atraen a la persona; cuando esa persona está finalmente cerca, representa una amenaza ya que la cercanía causa ansiedad. Por lo tanto, o se alejan o sabotean la relación para que la persona se aleje.

Cuando la persona es nuevamente lejana, sienten una ambivalencia entre el alivio de estar a salvo y el «abandono», por más que suelen ser ellos los que abandonan a quienes aman.

A veces tenderán a entablar relaciones con personas que inconscientemente saben que nunca llegarán a ser una pareja real y estable. Por ejemplo, alguien que vive lejos, que está casado, etc. Esto les garantiza el espacio y la libertad, por más que conscientemente se digan que realmente desean una relación, inconscientemente la sabotean. Por lo tanto, relacionarse con personas que le garantizan que la relación nunca se formalizará es un mecanismo inconsciente de protección.

LUNA EN
PISCIS

Elemento agua
Sensible e intuitiva

Modalidad mutable
Flexible y cambiante

Similar a
Luna en casa 12, Luna en aspecto a Neptuno

«Todos somos uno».

Ley de unidad

Los nacidos con la Luna en Piscis tienen un cuerpo emocional muy permeable, todas las emociones que los rodean se mezclan con las propias. Esta característica, que encontramos en los nativos con Luna en signos de agua, está enfatizada en Piscis, por su modalidad mutable y por las características neptunianas de conectar abiertamente con todo lo que hay.

Son muy sensibles, idealistas y románticos. Cuando aman, idealizan a la otra persona y la ven con características cuasi mágicas. Esta idealización a veces se rompe, ya que no puede competir con la realidad y los defectos humanos. Y para los nacidos con esta Luna las desilusiones son muy dolorosas.

Poseen una sofisticada comprensión del mundo emocional, gran empatía y profunda compasión. Pero sienten tanto que pueden procurar anestesiar su sensibilidad, asentándose en su mundo interior o con sustancias, comida o lo que sea que los distraiga de tanto sentir.

Cuando aman, se entregan por completo y sienten que se funden con el otro. Esto no solo sucede con las personas, también con los ambientes. Son tan sensibles a todo lo que los rodea que necesitan ausentarse y pasar tiempo a solas, en la naturaleza o encerrados en su habitación, para tener un descanso de tanta interacción emocional constante con el medio y las personas que los rodean.

Estando a solas se reencuentran y se recargan, y pueden volver a compartir su particular profundidad y cariño con el mundo. Son muy espirituales y soñadores, y saben por instinto que este mundo no solo está hecho de lo que se ve y lo que se puede tocar. Tienen una profunda intuición que nace del hecho de estar siempre conectados con los demás. Pero les cuesta separar sus emociones de las de los demás, sus percepciones de sus sueños y su gran imaginación.

Son incondicionales, saben perdonar y suelen amar de forma única. Pueden sufrir por tanta sensibilidad y su característica de «esponja emocional», como también por la falta de valores en el amor. Pero su naturaleza espiritual los mantiene siempre conectados con una verdad superior y con la fe de que todo sana y todo tiene un motivo de ser.

Características

Ultrasensibles, románticos, idealistas, espirituales, comprensivos, empáticos, tolerantes, dispersos, soñadores.

Qué necesitan los nacidos con la Luna en Piscis:

- Ambientes libres de toxinas emocionales
- Tranquilidad y tiempo a solas
- Relaciones profundas con valores espirituales
- Espacio para soñar y crear

Qué motiva a una Luna en Piscis:

La espiritualidad, las relaciones románticas, el arte.

Cómo demostrar amor a una persona nacida con la Luna en Piscis:

- Escríbele un poema, regálale una flor, cualquier demostración romántica de afecto
- Háblale de tus sueños, de espiritualidad y de energía
- Respeta su necesidad de estar a solas y desconectarse
- Demuéstrale empatía, comprensión y respeto por sus estados de ánimo
- Regálale un cristal, un atrapasueños, inciensos o cualquier cosa que tenga que ver con la energía sutil

Demostrará amor de la misma forma.

Relación primordial de la Luna en Piscis

Para los nacidos con la Luna en Piscis el amor es una escena ideal y perfecta. Las personas que reciben su amor tienen un aura mágica que las hace casi criaturas fantásticas. Luna en Piscis creció idealizando a los padres o al menos a uno de ellos. Como es una Luna tremendamente sensible e intuitiva, sabe de verdad cuál es la realidad, pero como muchas veces es dolorosa, se refugia en sus sueños e ilusiones. El problema de la ilusión es que después llega la desilusión. Lo cotidiano nunca está a la altura del ideal y, cuando llega la rutina, el ideal se rompe. El amor tiende a estar proyectado en un cuento de hadas, que nunca se hace realidad. Y si se hace realidad, se rompe, ya que la realidad no puede competir con la perfección de los sueños. El riesgo para la Luna en Piscis es caer en adicciones que le permitan anestesiar el dolor que representa la falta de ideales y de perfección en lo cotidiano. Este mundo duele, por lo tanto, debe refugiarse en mundos imaginarios. La persona con la Luna en Piscis suele tener una gran madurez espiritual: valores como la compasión y el perdón están naturalizados. Esto genera un alto nivel de aguante a los maltratos o engaños, ya que la persona tenderá a justificar y perdonar. En este caso, es muy importante que aprenda a poner límites, algo en general muy desafiante para la vulnerable Luna en Piscis.

EMOTIONAL FITNESS O ENTRENAMIENTO EMOCIONAL

Tesis / Antítesis / Síntesis

Todo en la naturaleza evoluciona y se equilibra a través de este principio. Si eres demasiado suave (tesis), las experiencias de la vida te harán duro (antítesis); para luego volverte duro en las situaciones que lo requieren y suave en las experiencias que lo permiten (síntesis).

Es necesario considerar que la crisis suele ser el marcador natural entre estas fases: entre la tesis y la antítesis vivimos una crisis, y nuevamente entre la antítesis y la síntesis (que suele ser más leve que la primera). Esto nos demuestra que la crisis no es mala *per se* aunque suele ser un tiempo complejo y de mucha incertidumbre. Cuando la transitamos con paciencia y consciencia, podemos acceder más fácilmente a la fase de síntesis, que se caracteriza por el equilibrio, la flexibilidad y la fortaleza interior.

> Este concepto nos desvela por qué a lo largo de la vida tomamos aptitudes opuestas, en una búsqueda interna de equilibrio. Es la vida misma que nos lleva por este camino de sofisticación, estamos diseñados para la evolución en todos los aspectos.

Te pondré un ejemplo: si una persona es muy despreocupada y no presta mucha atención a sus responsabilidades, es natural que estas se acumulen. Llegará un momento de crisis donde la persona se verá obligada a enfrentar todas sus responsabilidades de golpe. Esto la llevará a realizar un cambio donde las responsabilidades y la seriedad ante la vida será percibida como lo más seguro y justo.

Con el tiempo, la persona se sentirá capaz de responder a las responsabilidades y podrá volver a sentirse despreocupada. Sabrá hacerse cargo de sus obligaciones y podrá ser relajada al mismo tiempo, teniendo así un sólido equilibrio.

Esto no siempre sucede, hay personas que eligen aferrarse a cómo son y resistir. Pero suele ser mucho más complejo que seguir el flujo natural de la evolución personal. En este caso, las crisis se presentarán siempre con más contundencia y la persona deberá aferrarse cada vez con más fuerza a su tesis de vida.

Conociendo el signo lunar natal, accedemos a una clave maestra de cómo realizar la propia evolución emocional, ahorrándote quizá años de experiencias y permitiéndote encontrar un equilibrio interior sano y feliz.

Emotional Fitness:
integra la Luna opuesta + date lo que necesitas =
balance y estabilidad emocional.

Para encontrar estabilidad emocional inventé esta simple fórmula que llamé «Emotional Fitness», porque se trata de un ejercicio emocional, un trabajo interior, alquímico, de equilibrio y de balance.

TIENE DOS COMPONENTES:

- El primero es comprender cuáles son las necesidades básicas del signo lunar para que puedas dártelas a ti mismo y así no sentir carencia emocional.[24]
- El segundo es comprender cuáles son las características del signo lunar opuesto al propio que se necesitan integrar.

Emotional Fítness · Práctica de equilibrio emocional

	♈	♉	♊
Signo lunar	ARIES	TAURO	GÉMINIS
Integra al signo opuesto	LIBRA	ESCORPIO	SAGITARIO
Cómo hacerlo	Aprende a observar el punto de vista del otro, a ponerte en su piel y a hacerlo feliz.	Aprende a reconocer tus emociones profundas y a aceptar que todo fluye, todo cambia y todo se transforma.	Aprende a mirar más allá de lo conocido y a confiar en tu propia verdad.
Llena las necesidades de tu signo lunar	Date espacio y libertad para ser auténtico y ve tras tus metas y desafíos.	Genera estabilidad material, rodéate de espacios bellos y cómodos.	Date flexibilidad para explorar y espacios para comunicar abiertamente.

	♎	♏	♐
Signo lunar	LIBRA	ESCORPIO	SAGITARIO
Integra al signo opuesto	ARIES	TAURO	GÉMINIS
Cómo hacerlo	Céntrate en ti mismo, qué te hace feliz y qué deseas. Aprende a no ser tan dependiente de la opinión de los demás.	Aprende a confiar en los demás y a disfrutar de lo cotidiano. Reconoce que hay estabilidad emocional en los ciclos que se alternan.	Aprende a integrar diferentes puntos de vista y considerar que también hay sabiduría y expansión en lo que está cerca de ti.
Llena las necesidades de tu signo lunar	Date armonía y equilibrio, rodéate de personas que te hacen sentir pleno, usa tu diplomacia.	Rodéate de perdonas en las que puedas confiar. Acepta el ciclo emocional contante que te lleva a renacer periódica- mente.	Explora lo que te llama y te apasiona. Aprende, enseña y viaja con el cuerpo o con la mente a nuevos lugares.

			Signo lunar
♋	♌	♍	
CÁNCER	LEO	VIRGO	
CAPRICORNIO	ACUARIO	PISCIS	Integra al signo opuesto
Aprende a planear y estructurar tu vida para que todas tus necesidades básicas estén cubiertas.	Aprende a ser flexible con tus puntos de vista y desapegarte un poco. Mira las cosas desde diferentes puntos de vista y permite el cambio.	Aprende a conectar emocionalmente con tu entorno. Integra prácticas espirituales en tu día a día.	Cómo hacerlo
Date protección y nutrición. Cuida tu relación íntima contigo mismo y atiende tus necesidades emocionales.	Encuentra la libertad para expresarte y permítete brillar haciendo lo que te apasiona. Date importancia y autorreconocimiento.	Encuentra el orden, cuida tus rutinas, mejora tu entorno físico.	Llena las necesidades de tu signo lunar

			Signo lunar
♑	♒	♓	
CAPRICORNIO	ACUARIO	PISCIS	
CÁNCER	LEO	VIRGO	Integra al signo opuesto
Aprende a ser suave y amoroso, a expresar lo que sientes y pedir ayuda cuando la necesitas.	Aprende a centrarte en ti, a quedarte y conectar con el aquí y ahora.	Aprende a ordenar tus emociones y tu entorno. Genera estabilidad y confiabilidad en la parte más práctica de tu vida.	Cómo hacerlo
Organízate y construye una vida estable, sólida, valiosa. Enfócate en las relaciones importantes.	Despégate de todo para poder verlo mejor. Usa tu objetividad para mejorar tu mundo y el mundo que te rodea.	Cuida tu entorno y acepta tu sensibilidad. Conecta espiritual y emocionalmente. Comparte tu magia.	Llena las necesidades de tu signo lunar

LA FASE LUNAR DE NACIMIENTO

La primera respiración que tomaste en esta valiosa vida fue el fractal[25] de todos los ciclos de respiración que repites, también en este momento. Esa primera inhalación estuvo marcada por un tipo de energía particular, quizá por el plenilunio o el novilunio, o por una de las otras fases lunares. En astrología la relación del Sol y la Luna en la carta natal es sumamente importante. La Luna representa nuestra naturaleza emocional, mientras que el Sol representa nuestra naturaleza mental; según la fase lunar de nacimiento, tendremos una dinámica diferente entre estas dos partes de nuestro carácter.

Veamos los diferentes rasgos según la fase lunar de nacimiento:

Nacer en luna nueva

La naturaleza de las personas nacidas en esta fase es espontánea y fresca. Suelen tener un extra de creatividad que las impulsa a generar nuevas realidades, así como el novilunio da vida a las semillas que desean germinar. Se considera que nacer en esta fase da a la persona características del signo de Cáncer, por lo tanto, suele estar presente un extra de sensibilidad e intuición. El hecho de que no exista separación entre el Sol y la Luna genera una falta de objetividad para que la persona pueda verse a sí misma. También les cuesta percibir lo que las rodea, y su experiencia está muy centrada en sí mismas. La infancia suele ser una fase muy importante para estas personas. Si naciste en luna nueva, puede que también nacieras durante un eclipse solar. En este caso tu energía suele ser mucho más fuerte y potente, lo que te llevará a considerables transformaciones a lo largo de tu vida.

Nacer en fase luminante

Los influjos de la Luna en esta fase dan vida a una personalidad aventurera y exploradora, siempre en búsqueda de nuevos horizontes o puntos de vista alternativos. La Luna ya ha nacido y se encuentra en una fase de esperanza y esto se transmite al carácter de la persona. En fase luminante es cuando tenemos el primer sextil de Luna a Sol, un aspecto de 60° que implica buenas oportunidades y predisposición a las asociaciones. Esto se traduce en un carácter marcado por la suerte, que no es algo mágico como se cree, sino una cuestión de actitud ante la vida. En esta fase lunar, hay mucho impulso hacia lo nuevo y se toman riesgos, esto permea en la personalidad de los nacidos en este momento del ciclo.

Nacer en cuarto creciente

Los nacidos en cuarto creciente tienen una fuerte voluntad, son expresivos y activos mentalmente. En esta fase, la Luna entra en una tensión con el Sol, la mente y la emoción se confrontan. Esto da a la persona la capacidad de encontrar compromisos entre su forma de sentir y su forma de pensar. Pero dos días y medio después de la fase exacta, la Luna ya pasó de los 90 a los 120° de separación, realizando el aspecto más afortunado del mes. Por lo tanto, es ideal conocer la relación exacta entre la Luna y el Sol. Si se encuentra cercana a los 90°, suele ser un poco complejo para la persona encontrar ese compromiso entre lo que siente

La primera respiración que tomaste en esta valiosa vida fue el fractal de todos los ciclos de respiración que repites, también en este momento.

y lo que cree. Mientras que si la relación Sol y Luna se encuentra más cercana a los 120°, este compromiso suele ser innato y la vida de la persona se caracteriza por muchos avances auspiciados por dotes naturales muy positivas.

Nacer en fase gibosa

Cuando la Luna está en esta fase, hay mucho impulso, mucha actividad, mucha creatividad. Aquí la Luna empieza a madurar y los nacidos en esta fase tienen madurez y usan su impulso para ayudar a los demás o para mejorar las condiciones generales. Como la Luna y el Sol ya tienen una amplia distancia entre sí (entre 135 y 179°), hay objetividad y la persona es muy consciente de los demás. Un carácter perseverante, consciente y enérgico, es característica principal de nacer en esta fase.

Nacer en luna llena

El que nace en plenilunio lleva consigo la luz lunar en su máximo esplendor. La claridad que emerge en luna llena se traduce en un carácter despierto, atento, observador y consciente de todo lo que rodea a la persona. También la intensidad de esta fase se puede sentir, ya que la energía emocional de la persona es palpable. Todo es más significativo y viene sentido con mayor magnitud. También la intuición suele ser un rasgo muy característico de nacer en esta fase. Como el Sol y la Luna están opuestos, enfrentados en el cielo, la persona tiene la sensación de que sus parejas son más que compañeros de vida antagonistas con los que hay que luchar para encontrar un acuerdo. El extra de objetividad, intuición y claridad suele ayudarle a encontrar un punto medio en los opuestos que parecen reinar en sus vidas. Si naciste en luna llena, puede que también nacieras durante un eclipse lunar. En este caso, la Luna fue ocultada y la energía del momento es muy alta. Eso se traduce en un fuerte magnetismo personal y mucha consciencia de lo que no se ve a simple vista. Aunque la persona que nace en un eclipse lunar puede sentir que no es notada.

Nacer en fase diseminante

El nombre de esta fase «diseminante» hace alusión a esparcir semillas, que nacen del fruto de la luna llena.

Después de la culminación y la claridad del plenilunio, donde se desencadenan las experiencias. Nacer en este momento del ciclo marca la personalidad con dotes idealistas, filosóficas e intelectuales. Para la persona nacida en esta fase es natural enseñar o compartir su experiencia para influenciar a otros. Hay deseos humanitarios, de formar un mundo mejor, de usar la experiencia como aprendizaje y así sofisticar el presente.

Nacer en cuarto menguante

El idealismo característico de la fase diseminante se vuelve más intenso en cuarto menguante. Nuevamente la Luna llega a los 90° de separación del Sol, pero ya ha pasado por gran parte del recorrido cíclico y viene cargada de experiencia y sabiduría. Así, las personas que nacen en esta fase es como si ya nacieran con experiencia y sabiduría. Son impulsadores de cambios de consciencia y enseñan no solo con las palabras, sino especialmente con su ejemplo. Como la relación Luna y Sol está en tensión, les suele costar encontrar un equilibrio entre mente y emoción, pero gracias a su madurez, sabiduría y consciencia suelen lograrlo muy bien después de un poco de esfuerzo.

Nacer en fase balsámica

Esta fase se caracteriza por ser muy introspectiva, por lo tanto las personas nacidas en ella toman esta cualidad. Son personas muy sensibles e intuitivas, en contacto pleno con su naturaleza emocional. Tienen capacidades curativas, pero absorben mucho las emociones de los que las rodean y deben cuidar su energía. A veces pueden ser solitarias, pero disfrutan sumamente la naturaleza, la música y todas las expresiones nobles de la vida.

LOS ASTRÓLOGOS PODEMOS VER MUCHOS FACTORES DE LA RELACIÓN ENTRE LA LUNA Y EL SOL EN LA CARTA NATAL, POR EJEMPLO:

- **Cómo la persona percibe la relación entre los padres**
- **Cómo la persona percibe sus relaciones románticas**
- **Cómo la persona congenia sus emociones con sus pensamientos**

LA LUNA INASPECTADA
O PEREGRINA

Cuando en el momento del nacimiento la Luna se encuentra libre de aspectos (conexiones matemáticas) con otros planetas, se considera «inaspectada». Llamada también «Luna peregrina», suele generar dificultad a expresar la propia naturaleza.

El cálculo de los aspectos en astrología depende de un concepto conocido como «orbe». El orbe es la cantidad de grados de desfase que se admiten para considerar un aspecto. Por ejemplo, un planeta a 93° de otro se considera, en general, aún una cuadratura, por más que el aspecto exacto es a los 90°. En este caso, hay tres grados de orbe. El orbe admitido para la Luna y el Sol es mucho más amplio que para el resto de los planetas, porque son los dos puntos más importantes en el cielo. Por lo tanto, algunos astrólogos usan un orbe de hasta 10° de desfase para la Luna, aunque otros solo admitirán 7°. En general, si la Luna no realiza ningún aspecto matemático (considerando un orbe amplio de hasta 10°), está inaspectada.

Las personas nacidas con la Luna inaspectada suelen tener dificultades para expresar las propias emociones, así como también limitaciones al generar vínculos. Cuando conectan con alguien, su naturaleza es más salvaje e instintiva, ya que no poseen muchas herramientas para suavizar o sofisticar sus impulsos.

Personalmente, no considero que una Luna inaspectada sea mala o buena. La persona nacida con esta Luna tendrá más dificultad para expresar su naturaleza,

pero, al mismo tiempo, esta se conservará intacta, demostrando una fuerza e impulso singulares. Cuando se contienen las cosas, se vuelven más intensas. Pero también sabrosas, como un guiso bien hecho.

Vale la pena considerar que los tránsitos persistentes de los planetas van activando cada punto de la carta natal y cualquier Luna peregrina viene «activada» por estos de manera periódica. Personalmente, he amado mucho a un «luna inaspectada» y nunca ha dejado de sorprenderme con su pureza natural y su gran voluntad de espíritu.

> La luna peregrina es necia, pero siempre fiel a su naturaleza instintiva y eso le da virtudes, como solidez y asertividad.

LA REVOLUCIÓN LUNAR

Durante años, me sorprendía al observar cómo mis emociones tenían un bajón una vez al mes. No era antes de mi ciclo menstrual, pero se parecía mucho.

Me preguntaba a qué se debía, ya que era rítmico.

Luego llegó la investigación de la Luna y la astrología.

Me sorprendí cuando constaté que simplemente se trataba de la Luna concluyendo una revolución lunar.

La revolución lunar se refiere al momento en el que la Luna se encuentra en el mismo grado y minuto (espacio del cielo) en el que se encontraba en el momento en que naciste. Así como podemos levantar una carta del cielo en el momento del cumpleaños, llamada «revolución solar», para saber cómo será el año venidero de una persona, podemos hacer lo mismo con la Luna, cada mes. Las personas sensibles pueden notar un descenso de energía emocional una vez al mes cuando experimentan una fase negra lunar, muy personal. Puedes considerar que esta es una más de tus fases interiores. Con un ciclo que empieza cuando la Luna transita por tu signo lunar. Luego realiza una inflexión en su ápice de crecimiento cuando está en el signo opuesto. Esta es una luna llena interior, donde hay un destello emocional. Junto a estas dos inflexiones, hay dos puntos medios, que son tus cuartos lunares interiores. Un creciente en el signo siguiente a tu signo lunar de la misma modalidad. Y un menguante en el signo precedente a tu signo lunar de la misma modalidad. Para luego recomenzar el ciclo una y otra vez.

La revolución lunar es como un ciclo de mareas interior. El ciclo lunar tiene una fase de crecimiento alternada con una fase de relajación, que tiene un efecto colectivo. Pero también las mismas fases se alternan en un ciclo íntimo, que depende de la posición de la Luna al nacer.

- Tres días antes de que la Luna regrese al signo y grado de nacimiento, se vive una fase personal de luna negra. Baja la energía y tenemos un momento introspectivo.

- Cuando la Luna llega al grado y signo de nacimiento, hay una luna nueva personal. Regresa tu energía y según pasan los días la energía va aumentando.

- Una semana después llegas al cuarto creciente y tienes un momento de decisiones o compromisos.

- Cuando la Luna llega al signo y grado opuesto de nacimiento, tenemos una luna llena interior, un pico de energía expresiva y creativa.

- Una semana después, el ciclo personal toca un cuarto menguante e inicia la depuración y una fase de introspección.

Lo que más se suele sentir es el momento previo a la luna nueva interior, ya que es un momento de drene y cansancio, donde se experimentan los excesos y las carencias de todo el mes. Por lo tanto, surgen emociones que van sentidas para que puedan fluir. Te recomiendo que, cuando la Luna transite tu signo lunar y el precedente al tuyo, observes si tu energía baja o te sientes algo nostálgico o triste. Es tu luna natal que se regenera y se siente como una luna negra.

CONSIDERA QUE LOS CICLOS LUNARES QUE ATRAVIESAS A LO LARGO DEL MES SON TRES:

- El ciclo lunar sinódico, que va de luna nueva a luna nueva
- El ciclo de la revolución lunar, cuando la Luna transita tu signo
- El ciclo menstrual u hormonal que te lleva a través de la misma dinámica de fases

Y estos son solo algunos de los ciclos que atraviesas, hay muchos más. Hay un universo entero bailando dentro de ti.

EL CICLO DE CREATIVIDAD

Crear es un don divino

El ciclo femenino es un ciclo de fertilidad y creatividad que nos enseña cómo creamos y manifestamos la vida. No solo dándola a un nuevo ser humano, sino a todo aquello que parimos. Desde nuestras ideas a nuestros deseos, nuestros planes y nuestros proyectos.

> La energía femenina, a fin de cuentas, representada por la Luna, está presente en todas las manifestaciones de este magnífico universo. No importa si menstrúas o no, actúa un ciclo de creatividad y fertilidad siempre presentes.

Creer que somos seres constantes es una fútil ilusión. Como todo en esta vida, crear lleva fases, unas pasivas y otras activas. El modelo instaurado nos hace creer que tenemos que mantener un nivel estable de productividad, pero deja poco espacio a la nutrición personal que requiere la creatividad natural. Sin una justa preparación de la tierra, la semilla no puede nacer para dar frutos. Sin un cuidado de nuestras necesidades reales, no tenemos el sustento necesario para que nuestros proyectos florezcan. El ciclo hormonal femenino es un modelo biológico que muestra la estructura en la que se desarrolla cualquier creación. El útero es un espacio personal de creación y manifestación divina. Pero nuestro cerebro también es capaz de «parir», por no hablar de nuestro corazón. Todos tenemos el don divino de crear. Arte, relaciones, experiencias, proyectos, situaciones. Damos vida a nuestro mundo creando nuestra realidad cada día. Pero, para crear, hay que «parir», y parir es un proceso complicado. Hay que sacar algo de dentro de nosotros, algo que primero se tomó el tiempo de gestarse y nutrirse. La creación no es posible sin antes un proceso de preparación interna. De atender las propias necesidades y escuchar al propio cuerpo. Darle lo que necesita para generar más vida. La creatividad nace muy adentro y en sintonía con nuestro interior. Escucharnos y habitarnos es el fertilizante natural para poder dar vida. Luego, en un segundo momento, llegan las fases activas donde podemos empezar a expresar, conectar con el mundo y tomar las acciones necesarias para que la creación sea una realidad. Es un alternarse entre poner la energía dentro para luego dirigirla hacia fuera. Un equilibrio dinámico entre darte para poder dar. No vertemos de una copa vacía ni la copa puede estar siempre llena. Llenamos nuestra copa, luego vertemos.

El ciclo hormonal femenino como modelo biológico

No hay nada que se le escape a la Naturaleza: en ella todo se lleva a cabo siguiendo el mismo modelo de fases alternas y consecutivas. Como todos los ciclos naturales, el ciclo hormonal femenino se desarrolla en cuatro fases que ascienden y descienden, repitiéndose en el mismo orden.

(Estas fases evidencian la dinámica detrás de la creatividad y la manifestación emocional, intelectual, práctica y espiritual.)

Ciclo de creatividad

Ciclo femenino	MENSTRUACIÓN	PREOVULACIÓN	OVULACIÓN	PREMENSTRUAL
Fase lunar	LUNA NUEVA	CUARTO CRECIENTE	LUNA LLENA	CUARTO MENGUANTE
Nivel de energía	BAJO	ALTO	ALTO	BAJO
Estación	INVIERNO	PRIMAVERA	VERANO	OTOÑO
Acciones	Escuchar el propio cuerpo y atender las propias necesidades	Enfocar la energía en realizar los propios deseos	Manifestar, crear, actuar, conectar	Procesar las experiencias, sacar conclusiones, tomar decisiones, y desechar lo superfluo o pesado
Actitud natural	Pasiva/introspectiva	Activa/extrovertida	Activa/extrovertida	Pasiva/introspectiva

1 En tu luna nueva (menstruación), te alineas contigo de la misma forma que la Luna y el Sol en luna nueva. Esta fase se caracteriza por ser reflexiva, intuitiva, pasiva. Es un momento óptimo para relajarse, ir más despacio y escuchar el propio mundo interior hecho de sensaciones. Equivale al invierno. Queremos estar adentro, resguardadas y cómodas. Durante el invierno, la tierra procesa las hojas que cayeron durante el otoño, las transforma en abono para la nueva vida. De la misma forma, durante la menstruación, procesamos las experiencias del ciclo pasado. Las reciclamos y transformamos para poder hacer algo nuevo de ellas. Durante el invierno, en la naturaleza reina el silencio, y así el silencio interno también se presenta en esta fase. Escucharte es primordial para poder atender tus necesidades y darte confort. Es un viaje nutritivo, hacia bien adentro, que te permite ganar fortaleza y claridad, necesarias para poder florecer en primavera.

2 Tu cuarto creciente equivale a tu preovulación, donde empieza a aumentar tu energía. En esta fase, superamos el cansancio de los días de la menstruación y nos volvemos más activas. Ya no somos tan reflexivas e introspectivas y tendemos a ser más sociables y expresivas. Esta fase equivale a la primavera. En la naturaleza empiezan a brillar los colores, todo florece y todo interactúa. Igual que tú. Es una fase de exploración y de contacto. La creatividad aumenta, los deseos se hacen sentir. En la naturaleza el calor sube cada día, así como la luz, dinamizando la vida. En primavera hacemos los planes para el verano, que promete nuevas y emocionantes experiencias. Nos orientamos al futuro y nos preparamos para lo que viene.

3 En tu luna llena (ovulación), te alineas con el mundo. Es una fase dinámica de interacción y expresión, donde las actividades sociales, los deseos y los proyectos adquieren importancia. Esta fase es ideal para actuar en la vida cotidiana e invertir en nuestras relaciones. Para crear. Para manifestar. Esta fase equivale al verano. Mucha luz, mucho calor, muchas experiencias. En el plenilunio, así como en el verano, todo culmina y es cuando vemos finalmente los frutos maduros. Es un momento sumamente fértil, no solo a nivel biológico. La fertilidad presente permite dar vida a creaciones artísticas, planes, ideas, deseos.

4 La fase premenstrual equivale a un descenso de la energía, igual que en el cuarto menguante. Por más que se considera un momento de poca actividad, es cuando se recicla la energía y eso permite mucha transformación. Las experiencias quieren ser digeridas para obtener la sabiduría que prometen. Suele ser una fase compleja, donde los bloqueos ocultos emergen y debemos procesarlos para liberarlos antes de iniciar un nuevo ciclo. Esta fase equivale al otoño. Las hojas se desprenden y en la naturaleza todo se calma. Desciende la luz y todo lo que germinó en primavera y verano cae para nutrir la tierra. En otoño recordamos el verano y la experiencia que nos dejó, pero también nos preparamos para el invierno. Es difícil soltar y dejar ir, pero es necesario para poder concluir el ciclo y volver a empezar. Esta fase se vive como una muerte simbólica. Todo concluye y hay que soltar para renacer.

LUNA Y MENSTRUACIÓN

Se cuenta que antiguamente, cuando no existía la luz artificial, las mujeres menstruaban todas juntas, en luna nueva. Se reunían en un lugar tranquilo, para transitar juntas el viaje hacia dentro que es menstruar. Para escuchar sus propios silencios y, si era necesario, los propios lamentos. Cuando sangramos, las mujeres penamos, no porque sea dramático; el desprenderse de las paredes de nuestros úteros es un proceso de drene, de purificación, de deshacer y soltar. Un proceso de muerte simbólica. Tan complejo como necesario para la nueva vida.

Cuando las mujeres estamos juntas, nuestros ciclos se sincronizan. Cualquiera que haya menstruado, lo ha notado. Una vez que estamos juntas, nuestras hormonas se ponen de acuerdo para unir fuerzas. Esto resulta incomprensible si no se conoce la gran obra de la naturaleza: todo busca sincronía. Igual que nuestros ciclos.

Los ciclos naturales requieren de un movimiento hacia dentro seguido de un movimiento hacia fuera, en equilibrio entre ellos. La actividad moderna, los estándares sociales, nos demandan constantemente que pongamos nuestra energía afuera, pero si no la ponemos primero adentro, no hay mucho que dar. Nos arriesgamos a dar lo que no quisiéramos o dar hasta drenarnos y colapsar.

Menstruación	día 1-5[26]	El útero desprende su revestimiento.
Preovulación	día 6-11	Un óvulo se desarrolla en los ovarios, el revestimiento uterino se ensancha y los niveles hormonales suben.
Ovulación	día 12-16	El óvulo listo para la fertilización es liberado.
Premenstrual	día 17-28	Los niveles hormonales descienden. Si hay óvulo fertilizado, se incrusta en el revestimiento uterino.

Tenemos un ciclo lunar celeste (sinódico), un ciclo lunar interno (revolución lunar) y un ciclo hormonal. Estos ciclos se potencian o se anulan entre sí. Por ejemplo, si tu regla llega en luna nueva, tienes una doble luna nueva, ya que ambas fases se caracterizan por tener la misma influencia. Y si esto sucede cuando la Luna está en el mismo signo y grado (o grado cercano) a tu Luna de nacimiento, tenemos tres ciclos que coinciden. Esto no es nada común y solo sucederá rara vez en la vida, pero es un buen ejemplo para explicar cómo los ciclos se potencian o se anulan.

Mientras que, si menstruamos en luna llena, el ciclo hormonal y el sinódico suceden en momentos opuestos, ya que la luna llena representa la fase de ovulación. Esto no es malo ni bueno, ya que las fases se equilibran entre sí.

Se conoce como «luna blanca» a la menstruación que acontece en luna nueva y como «luna roja» a la que llega en luna llena. Algunas mujeres menstrúan con más frecuencia en plenilunio, mientras que otras en novilunio, aunque lo natural es fluctuar entre estas dos tendencias.

Ciclo de luna blanca	Menstruar en luna nueva y ovular en luna llena - La mujer se encuentra en un periodo nutritivo e introspectivo. Hay calma, intuición y conexión con las propias emociones y necesidades. Llega a la ovulación en el momento del pico de fertilidad lunar, el plenilunio. Por lo tanto hay claridad interior en un momento de expansión hacia lo exterior.
Ciclo de luna roja	Menstruar en luna llena y ovular en luna nueva.

LUNA Y FERTILIDAD

La creencia convencional de que las mujeres ovulan una vez al mes es incorrecta», concluye un experimento científico realizado por una universidad canadiense. Los investigadores evaluaron a 50 mujeres sanas en edad reproductiva (rango de 19 a 43 años) con antecedentes de ciclos menstruales regulares, que no tomaban medicamentos que interferían con la función reproductiva. El 78 % de las mujeres exhibió dos oleadas de desarrollo folicular durante el ciclo y el 32 % exhibió tres oleadas. El estudio concluye que las mujeres pueden potencialmente ovular dos o incluso tres veces al mes.[27]

Por lo tanto, tenemos dos ovulaciones y hasta tres ovulaciones a lo largo del ciclo hormonal femenino.

Estudios realizados durante décadas por el médico checo Eugen Jonas comprobaron que las mujeres tienen más posibilidades de embarazarse cuando una ovulación coincide con el momento en que la Luna se encuentra en la misma fase lunar que en la que estaba en el nacimiento de la mujer.

El método del doctor Jonas se basa en la Luna, no solo para determinar cuándo una mujer tiene más posibilidades de embarazarse, también para predecir si el bebé será niña o niño.

> Según el método Jonas, si quieres embarazarte, debes hacerlo cuando la Luna está de tu lado. Esto sucede cuando la exacta fase lunar de nacimiento se repite.

Es bastante fácil calcular tu propio calendario de fertilidad y hasta planear el sexo del bebé. Solo necesitas tus datos de nacimiento y un calendario lunar con fases y signos lunares (**puedes descargar gratis el LUNARIUM en www.lunalogia.com**).

Saca tu carta natal en www.lunalogia.com y desliza hasta abajo donde dice: «Fases lunares».

Fíjate cuál es la siguiente fase más cercana a tu nacimiento.

Si por ejemplo naciste el 1 de junio, en la lista verás que dice «luna llena 2 de junio». En este caso naciste un día antes de la luna llena. Tu momento de mayor fertilidad es el día antes a la luna llena, la misma posición que tenía la Luna con respecto al Sol cuando naciste. Pero también teniendo relaciones los tres días previos puedes embarazarte, según el método Jonas, ya que se considera que los espermatozoides sobreviven algunos días en el sistema reproductivo femenino. Por lo tanto, si naciste un día antes de la luna llena, ya desde cuatro días antes puedes considerar que si estás ovulando tienes grandes posibilidades de embarazarte.

Este método también indica cómo predecir el sexo del bebé usando el signo que transita la Luna en el momento de fertilidad. Cuando la Luna transita en signos de tierra o agua (Tauro, Cáncer, Virgo, Escorpio, Capricornio y Piscis), nacerá una niña. Mientras que si está en signos de aire y fuego (Aries, Géminis, Leo, Libra, Sagitario y Acuario), será niño. El doctor Jonas emitió la hipótesis de que esto se debe a un cambio en el pH de los fluidos. Por más descabellado que pueda sonar, he oído muchas veces a mujeres afirmar que las fechas y el sexo del bebé coincidían con lo afirmado por el método.

Hay sitios web que permiten generar un calendario de fertilidad lunar de forma gratuita con tan solo introducir tus datos de nacimiento. Por ejemplo, astro. com y astro-seek.com.

El primero solo muestra las fechas y el sexo del bebé según el posible momento de concepción. El segundo es un poco más específico, incluyendo fechas más o menos propicias según los aspectos astrológicos lunares del momento.

LUNACIONES Y ECLIPSES POR CASAS ASTROLÓGICAS

Comprender a fondo qué trae cada evento lunar para ti conlleva descubrir en cuál de las doce casas astrológicas de tu carta natal cae. La carta natal está

Eventos lunares por casa astrológica

Casa	1	2	3
Signo correspondiente	ARIES	TAURO	GÉMINIS
Ámbito	Cuerpo físico - La relación con uno mismo	Recursos, dinero, autoestima	Comunicación - Aprendizaje
Efectos	Algo cambia en el cuerpo. Nuevo look o cambio en el aspecto físico. Así como en cómo te ves y cómo te ven los demás.	Algo cambia en los recursos. Qué posees y qué haces con ello. Cuánto valoras lo que posees y lo que sabes hacer. Cuánto te valoras.	Algo cambia en la forma de comunicar. Lo que aprendes, lo que enseñas, tu forma de expresarte e intercambiar información.

Casa	7	8	9
Signo correspondiente	LIBRA	ESCORPIO	SAGITARIO
Ámbito	Relaciones con socios y parejas	Dinámicas emocionales profundas	Viajes - Estudios
Efectos	Algo cambia en tus relaciones. La pareja o los socios, así como los compañeros de vida toman relevancia.	Algo cambia en tus emociones profundas. Si existen traumas no trabajados, suele ser el momento ideal para sanar. También cambia la relación con el dinero o el sexo.	Algo cambia en tus horizontes, físicos o mentales. Viajes y estudios toman relevancia, así como el contacto con nuevas culturas o puntos de vista.

dividida en doce secciones llamadas «casas» y cada una indica un ámbito de vida específico. Para poder saber dónde cae cada Luna, debes conocer el grado y signo donde se da una luna nueva o llena.

PARA ELLO:

- Entra a https://lunalogia.com/carta-natal/ y rellena tus datos para sacar tu carta natal.
- Busca el área donde dice: «Posición de los planetas».
- En la columna del medio, busca las casas numeradas de 1 a 12.
- Considerando que cada signo tiene 30°, busca en tu carta natal qué casa contiene ese signo y grado del zodiaco donde se da una lunación o eclipse.
- Una vez que sabes en qué casa se da a conocer, considera el ámbito que representa la casa. Es ahí donde verás más impacto de la luna llena, nueva o el eclipse en tu vida.

4	5	6	Casa
CÁNCER	LEO	VIRGO	Signo correspondiente
Casa - Familia	Expresión personal - Hijos	Salud - Hábitos	Ámbito
Algo cambia en la estructura base de tu vida. Relación con la familia y en especial la madre. Relación con la casa y lugar donde se vive.	Algo cambia en la creatividad y forma de compartir. Embarazos, relación con los hijos, creatividad artística o enfocada en proyectos.	Algo cambia en los hábitos. La salud toma relevancia y así todo lo que haces durante el día. Probables cambios en la alimentación.	Efectos
10	11	12	Casa
CAPRICORNIO	ACUARIO	PISCIS	Signo correspondiente
Profesión - Posición social	Grupos - Proyectos	Espiritualidad - Yo inconsciente	Ámbito
Algo cambia en tu profesión o posición social. Tu trabajo o tu labor en la sociedad toma relevancia.	Algo cambia en tus proyectos o en los grupos que frecuentas. Tu visión de la sociedad o el colectivo toma relevancia.	Algo cambia a nivel espiritual o inconsciente. Son momentos de cierre de ciclo donde te preparas para una nueva etapa.	Efectos

PARTE 3

Sigue la Luna
Herramientas lunares para la vida cotidiana

ALIVIO PARA MOMENTOS INTENSOS

Hay personas muy sensibles a las variaciones de la fuerza lunar. Se agitan antes de la luna llena y penan antes de la luna nueva. Estos efectos los veremos potenciados en eclipses y superlunas. Considera que el impacto más relevante se experimenta antes de que se perfeccione la fase exacta, durante los tres días previos a la luna nueva y los tres días previos a la luna llena. Durante estos tres días es cuando suele suceder un pico en exceso de energía (previo a la luna llena) o en carencia de energía (previo a la luna nueva). Si se considera la Luna antes de nacer como «luna negra», es equitativo considerar la Luna antes de llenarse como «luminosa». Estos dos momentos del ciclo son dos extremos en varios sentidos. Si en la luna negra todo parece ir más lento y vamos hacia adentro, en la luna luminosa todo se acelera y estamos más pendientes de lo que pasa a nuestro alrededor. En luna negra puede haber tristeza, mientras que en luna luminosa puede haber ansiedad. Nos agitamos en luna luminosa, por el exceso de energía, y nos abrumamos en luna negra por la carencia de esta. Encontrar el equilibrio en estos momentos requiere canalizar el exceso de energía o recargar energía para mitigar la carencia. Pero en ambos casos reducir el estrés y generar alivio es lo más indicado. Masajes relajantes, saunas, cataplasmas de arcilla, baños con sal, hierbas o aceites esenciales generan alivio y reducen el estrés.

Aumentar el consumo de agua (filtrada y de alta calidad) es indicado en cualquier momento de estrés, ya que permite que el organismo funcione de manera indicada y reduzca los efectos adversos en el cuerpo.

Encontrar alivio en luna negra

Estos días se caracterizan por un mayor cansancio y emociones complicadas de procesar, particularmente tristeza. Llega todo lo que no se ha aceptado durante el ciclo y hay que purificarlo. A veces surgen dolores de espalda y de cabeza debido a la acumulación de estrés.

RECOMENDACIONES

- El ciclo lunar se cierra y pide bajar el ritmo y mirar el propio ombligo. Descansar y dormir horas extras suele ser la mejor opción.

- Llorar suele ser típico de esta fase. Y aunque no es una actividad placentera, genera mucho alivio. Las lágrimas fluyen cuando las emociones salen. Y si salen, se van y te dejan libre. En caso de sentir tristeza y no poder llorar, pueden ayudar una película o libro que te emocionen hasta el llanto. Lo ideal es aceptar la emoción porque eso genera entendimiento y el entendimiento permite que no caigas en la misma situación que te lastimó. Pero a veces conmocionarnos un poquito con una película romántica o con una historia que nos mueve las entrañas ayuda a liberar las emociones contenidas.

- Evita considerar tus emociones o tus conclusiones como definitivas. En esta fase todo puede verse más dramático de lo que realmente es.

- De por sí es una fase de depuración y todo lo que ayude a desintoxicar viene doblemente aprovechado por el organismo. Aumentar el consumo de agua, tomar agua con limón o tisanas de hierbas depurativas.

- Hacer espacio físico suele ayudarnos a generar orden mental y emocional. Vaciar los armarios, sacar la basura, sahumar los espacios suelen ser una actividades naturales de esta fase para encontrar alivio y serenidad.

Encontrar alivio en luna luminosa

Estos días se caracterizan por un ritmo más acelerado, una reducción de las horas de sueño y un aumento del nerviosismo. Todos parecen un poco más agitados, pero también activos, interactivos y expresivos.

RECOMENDACIONES

- Usa la energía extra con fines creativos: pinta, cocina, escribe, teje o realiza cualquier actividad que te permita expresar, fluir y, en definitiva, crear. Suele ser muy relajante, satisfactorio y placentero; equilibra la energía y permite liberar el estrés.

- Si no puedes dormir de noche, recupera el sueño con una «power nap», o «siesta power», de quince o treinta minutos.

- Baila, haz deporte o cualquier actividad física que te permita sudar; puede generarte mucha tranquilidad.

- Evita las discusiones, a no ser que sea estrictamente necesario. En esta fase somos más impulsivos y las discusiones suelen ser más problemáticas y encenderse más de la cuenta. Si tienes asuntos complicados para discutir, cuando sea posible, elige los días siguientes o el cuarto menguante cuando todos son un poco más objetivos.

- Medita o haz ejercicios de respiración. Si no eres capaz, aprende a hacerlo. Los beneficios de estas dos actividades te permiten ser mucho más sereno, despierto, objetivo y consciente con relativamente poco esfuerzo.

CUIDADO DEL CUERPO

«El sentido común es el menos común de los sentidos».

Horace Greeley

La prevención siempre será mejor que la cura y comprender la causa de un síntoma traerá la solución en bandeja de plata. En una era preocupada por los efectos, el que busca la causa entiende la dinámica primordial y tiene el poder de resolver los problemas de forma simple. Pensamos en el cuerpo humano como algo tremendamente complicado, pero nuestra naturaleza es simple. Los complicados somos nosotros, con nuestros ritmos acelerados y unos hábitos que no respetan las necesidades naturales de nuestros cuerpos. Muchas veces un dolor de cabeza se resolverá bebiendo suficiente agua o un mal humor haciendo una pequeña siesta o corrigiendo la alimentación. Comer sano, moverse lo suficiente, tomar agua de óptima calidad y dormir la cantidad justa de horas al día es la receta sencilla para una salud plena. El cuerpo nos comunica cualquier desequilibrio con síntomas. Es su manera amorosa de decirnos que hay algo que corregir. Cada vez que tenemos un síntoma, deberíamos preguntarnos si comimos sano, tomamos suficiente agua, dormimos pacíficamente y movimos nuestro cuerpo. Si todo esto ha sido hecho, vale la pena buscar otras causas y asesorarnos con especialistas de la salud. Y antes de anestesiar el síntoma, debemos preguntarnos qué nos está comunicando el cuerpo y cómo podemos volver al equilibrio. Si lo hacemos evitaremos que el síntoma pase a mayores y que podamos caer en la crisis de la salud, llamada «enfermedad».

La Luna con su ciclo natural nos agita y nos relaja, pero no es la causante de nuestros estados emocionales o físicos. Es, más bien, la reveladora de nuestro estado general.

177

Es especialmente en luna nueva o llena cuando se nos muestra cómo estuvimos cuidando de cada uno de nuestros niveles. Cuando en luna llena tenemos dolor de cabeza, suele ser el reflejo de estrés, largas horas frente al ordenador o el teléfono móvil o de tomar poca agua durante los últimos quince días. Mientras que cuando en luna negra solo queremos llorar, suelen ser las emociones acumuladas y no procesadas (¡no sentidas!) durante las fases precedentes de la Luna.

Esto indica que la mejor forma de prevenir esos estados molestos, que los sensibles a la Luna solemos manifestar en sus fases más intensas, es escuchar lo que surge y aceptar que es simplemente un síntoma (una alarma) que busca expresarse para que encontremos un mayor equilibrio.

Yo: «No soy yo, es la Luna».
La Luna: «Yo solo te muestro lo que ocultas».

FASES LUNARES Y SALUD

Para mantener la salud, podemos aprovechar el subir y bajar natural de los fluidos a lo largo del ciclo lunar. Somos agua, linfa, sangre, que sigue el mismo ritmo de la luminosa luz lunar. Este ritmo ascendente y descendente también determina en qué momento los líquidos vienen aprovechados y en qué momento vienen purificados. Por lo tanto, absorbemos más sustancias entre luna nueva y llena, y nos purificamos de ellas entre luna llena y luna nueva. Así los suplementos vitamínicos se absorben mejor cuando la Luna crece, mientras que los tratamientos desintoxicantes se absorben mejor cuando la Luna mengua. También la luna llena anuncia un momento de mayor sangrado, lo que indica que es mejor planear las cirugías entre cuarto menguante y luna nueva, cuando hay menos riesgo de hemorragias.

En general cualquier condición infecciosa o inflamatoria suele empeorar los días cercanos a la luna llena, para empezar a mejorar en el momento exacto del plenilunio cuando comienza a bajar la intensidad gravitacional.

Cualquier tratamiento médico que tenga como fin extirpar, sacar o mover algo es mejor en cuarto menguante, ya sean tumores, lunares, verrugas, etc. Mientras que, cuando se quiere absorber mejor un tratamiento, debe ser planeado cuando la Luna crece. Obviamente, no siempre podemos planear las citas médicas siguiendo la Luna y no se puede utilizar este método para emergencias. Que el tratamiento no se realice de acuerdo con la Luna no quiere decir que saldrá mal, así como usar la fase correcta de la Luna tampoco garantiza el éxito. Simplemente, cuando seguimos las fases de la Luna, todo tiende a ser más simple y fácil.

Respecto a la salud, se suelen usar las fases lunares naturales, que consideran la fase de la Luna no por la relación matemática de la Luna y el Sol, sino por cómo se ve la Luna a simple vista. Se consideran tres días de fase, desde un día y medio antes hasta un día y medio después de la fase exacta. Las fases cuarto menguante y creciente destacan por una baja intensidad de la fuerza de gravitación lunar porque viene interferida por el Sol. Mientras que las fases luna nueva y llena se caracterizan por un pico de energía característica de la fase misma.

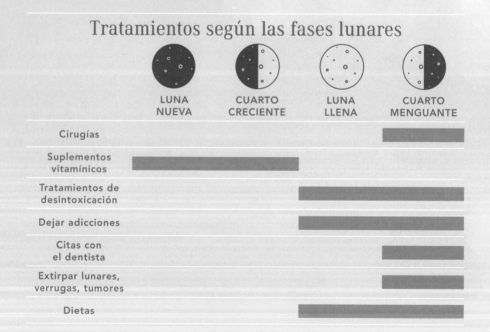

Tratamientos según las fases lunares

	LUNA NUEVA	CUARTO CRECIENTE	LUNA LLENA	CUARTO MENGUANTE
Cirugías				███
Suplementos vitamínicos	███			
Tratamientos de desintoxicación			███	███
Dejar adicciones			███	███
Citas con el dentista				███
Extirpar lunares, verrugas, tumores				███
Dietas			███	███

SIGNOS LUNARES Y SALUD

«No toques con el hierro la parte del cuerpo regida por el signo del zodiaco que atraviesa la Luna en ese momento».

Hipócrates 460-370 a. C.

La tradición nos dejó indicaciones muy precisas acerca de cómo usar la Luna para mantener la salud de cada parte del cuerpo. Esta fórmula es muy simple: cada signo del zodiaco corresponde a una parte del cuerpo. Es necesario evitar las cirugías en la parte del cuerpo representada por el signo que la Luna transita. Mientras que los tratamientos saludables deben hacerse justamente el día que la Luna transita el signo que rige la parte del cuerpo tratada. Por ejemplo, Aries rige la cabeza, y cuando la Luna transita este signo, debemos evitar cualquier intervención quirúrgica en toda esta área. También se recomienda evitar los signos contiguos al signo que rige la zona a que tratar, porque si la Luna está cercana al cambio de signo, toma influencia del signo precedente o sucesivo. Por ejemplo, una cirugía en el estómago deberá ser evitada en los días que la Luna transita el signo de Cáncer, pero también hay que tener cuidado con Géminis y Leo. Mientras que, si recibimos algún tipo de tratamiento no quirúrgico en el estómago, será doblemente benéfico en los días que la Luna transita Cáncer. Combinando el tránsito de la Luna por los signos a las fases lunares, tenemos una indicación bastante específica. Por ejemplo, una cirugía en las rodillas deberá realizarse en los días entre cuarto menguante y luna nueva, cuando la Luna no esté en el signo de Capricornio, signo correspondiente a las rodillas, y se evitarán los signos contiguos de Sagitario y Acuario. Mientras que un tratamiento de rodilla se beneficiará doblemente cuando la Luna transita Capricornio.

La Luna en los signos
y su correspondencia en el cuerpo

Signo lunar	ARIES	TAURO	GÉMINIS
Parte del cuerpo	Cabeza, cerebro, ojos, nariz.	Laringe, tiroides, dientes, maxilares, amígdalas, oídos.	Hombros, brazos, manos, pulmón.

Signo lunar	CÁNCER	LEO	VIRGO
Parte del cuerpo	Pecho, pulmón, hígado, estómago, vesícula.	Corazón, espalda, diafragma, circulación sanguínea, arterias.	Órganos del aparato digestivo, nervios, bazo, páncreas.

Signo lunar	LIBRA	ESCORPIO	SAGITARIO
Parte del cuerpo	Caderas, riñones, vejiga.	Órganos sexuales, uréter.	Muslos, venas.

Signo lunar	CAPRICORNIO	ACUARIO	PISCIS
Parte del cuerpo	Rodillas, huesos, articulaciones, piel.	Piernas, venas.	Pies, dedos de los pies.

El ciclo se separa en dos tendencias donde por la mitad crece y por la otra mitad decrece, al mismo tiempo que la Luna y el Sol recorren los signos del zodiaco. Como las fases lunares dependen de la relación con el Sol, los signos en creciente o menguante van repitiéndose durante cierto periodo del año. Por ejemplo, la Luna creciente en Leo, ideal para un corte de cabello que mejore la calidad y aumente el crecimiento natural, sucede entre febrero y agosto. Mientras que, de agosto a febrero, el tránsito de la Luna por el signo del león será siempre con la Luna perdiendo luz en menguante.

Distribución de los signos del zodiaco en relación con las fases de la luna

Signo	en luna creciente	en luna menguante
Aries	de octubre a abril	de abril a octubre
Tauro	de noviembre a mayo	de mayo a noviembre
Géminis	de diciembre a junio	de junio a diciembre
Cáncer	de enero a julio	de julio a enero
Leo	de febrero a agosto	de agosto a febrero
Virgo	de marzo a septiembre	de septiembre a marzo
Libra	de abril a octubre	de octubre a abril
Escorpio	de mayo a noviembre	de noviembre a mayo
Sagitario	de junio a diciembre	de diciembre a junio
Capricornio	de julio a enero	de enero a julio
Acuario	de agosto a febrero	de febrero a agosto
Piscis	de septiembre a marzo	de marzo a septiembre

CUIDADO DEL CABELLO

«Existen aún lugares donde se suele cerrar la peluquería del pueblo
cuando la Luna transita por Cáncer o Piscis».

Johanna Paungger

Cuando la Luna crece, todo viene impulsado
al crecimiento; cuando la Luna mengua,
todo se reduce.

El ciclo sinuoso de la Luna, ampliándose y reduciéndose, señala que crecerá rápido o lento, que se absorberá o se purificará, que se expandirá y que se reducirá, según en qué momento del ciclo actuamos. Cuando la Luna crece, todo viene impulsado al crecimiento; cuando la Luna mengua, todo se reduce. Del movimiento lunar podemos intuir que una mascarilla détox es más efectiva en menguante, mientras una crema nutritiva lo es en creciente. El cabello crecerá más rápido cuando lo cortamos en luna creciente, mientras que una depilación será más efectiva en menguante.

El signo ideal para tratamientos de la piel es Capricornio.
No hay que realizar cirugías faciales cuando la Luna se
encuentra en Aries o Capricornio. Lo ideal es en cualquier
otro signo en fase menguante.

Para tratamientos que tengan como fin limpiar de forma profunda, quitar manchas o espinillas, se recomienda usar la luna menguante.

El cuidado del cabello

El signo rey para cortar el cabello y estimularlo a mejorar su abundancia y cualidad es Leo. Cuando el cabello es cortado en el signo de Leo con luna creciente no solo mejora la calidad y gana luminosidad y fuerza, también crecerá con rapidez. Tenemos un solo cuarto creciente exacto en Leo cada año, cuando el Sol transita por Tauro, entre el 21 de abril y el 20 de mayo, pero se puede aprovechar la luna creciente en Leo entre febrero y agosto. Cuando el cabello se corta en cuarto creciente, pierde menos fuerza y es más estimulado a crecer que en otros momentos del mes.

Cortar el cabello en cuarto creciente permite que no se pierda hidratación, nutrientes y se estropee menos.

El mejor día del año para cortar el cabello es siete días y medio después de la luna nueva en Tauro, en el cuarto creciente en Leo. Pero si deseas hacer un corte y mantener el estilo por más tiempo, puedes también cortarlo en Leo en cuarto menguante. Sucede cuando el Sol transita por Escorpio entre el 23 de septiembre y el 22 de noviembre.

El siguiente signo ideal para el corte del cabello es Virgo. La Luna transita por Virgo en creciente entre marzo y septiembre. El cuarto creciente en Virgo sucede una semana después de la luna nueva en Géminis cada año.

Cortarlo en uno de estos dos signos cada mes garantiza una buena salud del cabello, prefiriendo siempre Leo en primer lugar. Usar la Luna menguante en Leo o Virgo es mejor que cortar en creciente en otros signos.

Si debes cortar el cabello en otros signos zodiacales, evita Cáncer y Piscis, ya que suelen arruinar el cabello. También se debería evitar lavarlo los días en que la Luna transita por estos últimos dos signos. Si se planea una permanente, hay que elegir siempre el signo de Virgo, mientras que para teñir el cabello se pueden usar los signos de agua, Cáncer y Piscis, solo es necesario tener en cuenta que en estos días se absorbe más el color y puede tener efecto en menos tiempo.

Los hombres deberían afeitarse y cortar el cabello solo con la Luna en Leo o Virgo para garantizar la estimulación de un cabello fuerte, abundante y sano.

TU DIARIO LUNAR

La forma ideal de conocer la Luna es llevar un registro de todo lo que notas a tu alrededor y en tu interior. Cuando redactas un diario lunar, al cabo de unos meses, puedes ver tus patrones de comportamiento y los ajenos. Esto te abre las puertas a un conocimiento oculto de los ritmos naturales. Podrás constatar que te hinchas en luna llena, que tu gato se vuelve loco cuando la Luna transita por Piscis o que tu madre se siente maravillosamente cuando es cuarto creciente. Esto permite no solo prever los efectos generales cíclicos, también comprender la dinámica oculta de todas las cosas.

PARA HACERLO NECESITAS

- un cuaderno
- un bolígrafo
- algunos minutos al día
- saber en qué signo y fase se encuentra la Luna

En tu cuaderno escribe la fase, el signo lunar y la fecha. Y luego describe lo que estás sintiendo y lo que te sucede en esos días. Si alguien tiene un comportamiento anómalo, descríbelo. Toma nota de lo que te parece relevante. No solo el contenido de las palabras va a tener relevancia, también tu escritura, si usas colores, si haces dibujos. Una de las formas de llevar un registro simple también es poniendo una carita feliz o triste según el día. También puedes anotar tu nivel de energía del 1 al 10. Al cabo de unos meses, podrás ver un patrón. Escribir no solo es bueno para llevar un registro, escribir es terapéutico. Te permite sacar algo que está en tus pensamientos y ponerlo en letras y observarlo. Genera claridad y consciencia.

AGUA Y ELIXIRES DE LUNA

«El agua tiene memoria».

Masaru Emoto

«Cargar» el agua con energía es una práctica relativamente común, muy simple de realizar. No solo se usa cargar el agua con la energía de los rayos lunares, también con los del Sol, con cristales, imanes, flores, mantras, decretos e intenciones. Te dejo una pequeña guía de cómo hacer agua de luna y cómo combinarla con otros elementos para potenciarla.

El agua de luna es un simple elixir basado en agua expuesta a los rayos lunares. Se trata de capturar la esencia de la Luna en agua, para luego utilizarla para beber o para otros usos. Según el uso, se puede usar agua potable de la mejor calidad, agua de río, del grifo, etc.

El agua de luna se puede hacer durante todo el ciclo lunar y tiene diferentes efectos según la fase en la que se realiza. Para calcular la fase, se considera el ciclo lunar natural, que se ve a simple vista, o sea, fases de tres días, desde un día y medio antes de la fase exacta y hasta el día y medio sucesivo.

Agua de luna nueva

En luna nueva se forma la cola de sodio de la Luna. No se ve, pero ahí está. En estos días, la Luna viaja cercana al Sol, por lo que no transita por el cielo de noche, más que por un breve periodo. Por lo tanto, este elixir se prepara cuando la Luna hace su última aparición antes de la luna nueva o la primera después de esta. No siempre es posible, ya que la Luna puede ser invisible casi dos días alrededor de la luna nueva. Y será visible antes del amanecer un día previo a la luna nueva, o después del atardecer el día sucesivo a esta fase. Regularmente, se suele usar la quincena clara (entre el cuarto creciente y el cuarto menguante) para hacer agua de luna, dado que hay muchos más rayos lunares. Pero el agua de luna en esta fase es también factible y es muy indicada para aprovechar la energía de la luna nueva.

Agua de luna en fase creciente

El agua preparada en cuarto creciente tiene energía de conquista y movimiento, iniciación. Sirve para activar y mover las cosas. Para hacer agua de luna en esta fase, se coloca después del atardecer y se deja hasta medianoche, cuando la Luna se oculta.

Agua de luna en fase llena

El agua de luna llena tiene una energía de manifestación, plenitud, celebración, de algo que se cumple y llega a su máxima expresión. En esta fase, se puede preparar el agua con mayor esencia lunar, ya que la Luna es visible durante toda la noche. Para hacer agua de luna en esta fase, se coloca después del atardecer y se deja hasta antes del amanecer.

Agua de luna en fase menguante

El agua en cuarto menguante recibe una energía serena, de purificación profunda, de claridad, descanso y regeneración. Para hacer agua de luna en esta fase, se coloca a medianoche y se deja hasta antes del amanecer.

QUÉ NECESITAS:

Una botella, jarra o recipiente, preferiblemente de vidrio, con agua. Si se planea tomar el agua, el contenedor debe contar con una tapa o un paño para evitar que entre polvo o insectos.

CÓMO SE REALIZA:

Coloca la jarra o botella en un lugar tranquilo, preferiblemente a la intemperie o cerca de una ventana. Retírala antes de que entre en contacto con los rayos solares. En caso de que reciba los rayos del Sol, no se arruina, solo disminuye su efecto paulatinamente.

USOS:

- Se usa principalmente para conectar con la energía de la Luna y todo lo que representa: la fertilidad, lo femenino, la intuición, la regeneración.
- Hacer un baño de cuerpo, de pies o facial.
- Regar las plantas para estimular el crecimiento.
- Limpiar y proteger espacios.
- Usar esta agua para preparar fermentos como panes leudados, vinagre, kombucha, etc. parece reducir el tiempo de fermentación y mejorar el proceso.

Elementos opcionales

Agregar cristales y flores potencia tu agua lunar y con ellos puedes realizar elixires lunares infusionados con lo que más te guste o lo que más necesitas. También puedes poner en tu recipiente una etiqueta con un mantra, una palabra clave, un mensaje al universo o un decreto personal.

Cristales

Puedes agregar a tu elixir de Luna cualquier piedra preciosa o cristal que no se dañe con el agua.

ALGUNOS EJEMPLOS:

- La piedra de luna se usa para estimular los procesos del organismo, aumentar la fertilidad y prevenir molestias relacionadas con el ciclo menstrual femenino.
- «Amatista» proviene del griego «*amethystos*», término que definía el antídoto para evitar la embriaguez. Se usa para equilibrar emociones con pensamientos y para aclarar la consciencia.
- El cuarzo rosa se usa para sanar el corazón o permitir que fluya el amor.
- Obsidiana para aliviar procesos de duelo o sanación complejos o para purificar en profundidad.
- Cuarzo cristal equilibra, aumenta y protege tu energía.

Flores

Puedes agregar cualquier flor que sea segura para el consumo humano.

ALGUNOS EJEMPLOS:

- Las rosas son ideales para equilibrar las emociones y exaltar las propias cualidades femeninas.
- La conchita azul (clitoria) convierte el agua en azul y es ideal para sanar traumas, especialmente sexuales.
- El hibisco o flor de jamaica da un agua con tonos rojizos y es depurativa.
- El jazmín, la lavanda y la manzanilla son relajantes, ideales para generar alivio y serenidad.

Decretos, mensajes y mantras

Agregar una etiqueta con un mensaje puede infusionar tu agua con lo que estás deseando. Si conoces el trabajo de Masaru Emoto, sabes que el agua reacciona a todos los estímulos del ambiente y las palabras son energía que también influyen en ella. Puedes elegir una sola palabra como «paz», «amor», «serenidad» o «abundancia». Pero también puedes poner mantras o mensaje particulares.

LA CIENCIA DETRÁS
DE LA MAGIA

«Hay poder en todo aquello a lo que das poder».

Seeker

La Luna rige el subconsciente y en el subconsciente yacen las reglas de tu vida. Lamentablemente, cambiar las reglas no es simple, pero te aseguro que es más simple hacerlo que vivir con reglas que te fueron inculcadas y que no elegiste. Especialmente si esas creencias instauradas te impiden tener una buena calidad de vida. Creencias como «no merezco ser amado», «nunca voy a ser feliz», «no soy suficiente inteligente, atractivo, capaz», etc. suelen ser tristemente comunes. Si posees creencias de este tipo, puedes sentir que realizas mucho esfuerzo para tener una buena vida, pero cuando todo parece empezar a ir bien, algo sabotea tus esfuerzos. Afortunadamente, muchas técnicas para transformar las creencias y trabajar con el subconsciente se han popularizado y cada día tenemos a disposición más herramientas para cambiar nuestras vidas. En general pensamos que nuestra realidad genera las ideas que tenemos sobre la vida, pero es exactamente lo contrario. Son las ideas que tenemos sobre la vida (y sobre nosotros mismos) las que generan nuestra realidad. Obviamente, no hablo de las ideas conscientes. Me refiero a las creencias subconscientes.

(Tal vez creas que son tus experiencias
de vida las que forman la idea que tienes sobre la vida.
Es exactamente al revés: son las ideas sobre
tu vida las que forman tus experiencias de vida.
Cambia tus creencias y observa cómo
la realidad cambia.)

El subconsciente habla en símbolos, en metáforas y suele aprender por repetición.

Los rituales, los mantras, los decretos personales funcionan bajo una ciencia que no entendemos y llamamos magia. Tenemos más poder del que pensamos: si nos convencemos fuertemente de algo, el subconsciente hará de todo para que sea cierto. Los resultados del trabajo en el subconsciente son asombrosos, pero no es necesario ser capaces de hacer una autohipnosis para conseguirlos. Basta hablar el idioma de nuestro poderoso amigo subconsciente.

CARACTERÍSTICAS DEL IDIOMA SUBCONSCIENTE

- Habla en símbolos, metáforas, números, imágenes, sensaciones y sonidos.
- No diferencia el presente del pasado o del futuro.
- Es como un niño, tiene un lenguaje básico, no entiende lo complicado y usa palabras simples.
- No es lógico, es analógico.

> Un concepto genera una realidad. No es magia, es la biología humana. Se cree que es la realidad lo que genera el concepto, pero es exactamente lo opuesto.

El trabajo del subconsciente es entender qué necesitamos y proveerlo. Lamentablemente, aún no hemos comprendido este lenguaje. Su forma primaria de recibir información es desde el oído, la vista y los estímulos recibidos por nuestras sensaciones. Si tratamos de hablar directamente con el subconsciente, en términos generales, no lo entenderá. Necesita imágenes, símbolos, estímulos. Por ejemplo, es muy simple comunicar al subconsciente cómo queremos sentirnos, si practicamos sentirnos de esa forma, en los momentos del día cuando estamos naturalmente en semihipnosis. Si, por ejemplo, lo que quiero es vivir feliz, lo primero que tengo que hacer por la mañana y lo último por la noche, durante unos once minutos, es trabajar en recrear la sensación de felicidad dentro de mí. Esos minutos son los más poderosos del día, porque entramos naturalmente en semihipnosis antes de dormir y cuando nos despertamos. Como sea que nos sintamos en esos veintidós minutos en total, nos estaremos programando para sentirnos más y más de esa forma. Es triste que la mayor parte de la gente piense en sus preocupaciones en esos portentosos minutos. El subconsciente entiende que la meta es preocuparse y traerá más y más preocupaciones. Solo trabajando esos veintidós minutos al día, puedes cambiar tu vida. Y si no lo crees, te invito a que lo intentes. Te dejo un ejercicio muy fácil de realizar:

> Durante once días vas a usar los primeros once minutos cuando despiertas y los últimos once[28] minutos cuando te vas a dormir para agradecer. Agradecer la cama donde duermes, que estás vivo, lo que has comido ese día, agradecer por tus afectos, tus mascotas, tu trabajo y absolutamente todo lo que te venga a la mente.

Cuando lleves unos días haciendo el ejercicio, obsérvate durante el día y constata si estás viviendo más feliz o no. Cuando llegues a los once días, observa cómo tu humor se ha hecho más burbujeante, positivo, más alegre y claramente más agradecido. Vivir agradecidos es el arte de vivir contentos y es un talismán para atraer todo lo bueno a tu vida.

EL LENGUAJE ELEMENTAL
DEL UNIVERSO

«Los signos y símbolos gobiernan el mundo, no las palabras ni las leyes».

Confucio

Existen diferentes tradiciones, cultos y religiones, cada uno con sus ritos y su sistema de símbolos. Pero todos «hablan el mismo idioma», usando los símbolos para comunicar en una lengua universal. No pertenezco a ninguna religión, tradición o culto, pero siempre me ha interesado comprender el lenguaje simbólico detrás de sus ritos. Cuando usamos esa perspectiva, podemos ver el hilo conductor, una comunicación elemental. La naturaleza habla de manera simple, en símbolos, y lo mismo hace nuestro subconsciente.

Básicamente lo que se hace en un ritual es usar elementos simbólicos que representen lo que queremos auspiciar, hablando el lenguaje del universo y grabando un decreto en el subconsciente.

Para mí, «ritual» es sinónimo de «ejercicio de consciencia». Es una práctica de claridad y canalización de la energía en una dirección determinada.

Para hablar este idioma universal, podemos usar justamente los elementos fuego, tierra, aire y agua, que son como los símbolos primordiales en la naturaleza. Esto nos permite diseñar nuestro propio ritual para cada evento lunar, usando el elemento del signo zodiacal donde sucede, como símbolo primario.

Los símbolos son polisemánticos, ya que poseen múltiples significados dados por metáforas o analogías. Por ejemplo, el fuego es movimiento, proceso, calor, expresión, pero también es el Sol, el símbolo del triángulo de fuego, una vela prendida, etc.

El agua es la Luna misma, la emoción, las flores, su símbolo del triángulo invertido, una copa de agua, la resina de las plantas como el copal.

La tierra es lo tangible y lo físico, las piedras y los cristales, las semillas, lo sólido, la tierra misma y su símbolo de triángulo invertido con una línea trasversal.

El aire es la mente, la palabra, un incienso o sahumerio, una pluma, y su símbolo un triángulo con una línea trasversal.

Usando estos símbolos y todas aquellas asociaciones que podemos hacer con ellos, podemos diseñar un ritual para cada ocasión, hablando el lenguaje elemental de la naturaleza. Alinear el enfoque con las acciones que se toman y los símbolos de un elemento es un poderoso mensaje al universo y al propio subconsciente.

> El elemento es un lenguaje universal y debe ser recreado a nivel simbólico y también a nivel activo. Por ejemplo, el fuego representa la acción y en rituales de fuego debemos usar el fuego (prender una vela o incienso) así como actuar o hacer un ritual activo (por ejemplo, bailar) y dirigir el enfoque al elemento.

AIRE

TIERRA

AGUA

FUEGO

195

RITUALES DE FUEGO
EVENTOS LUNARES EN
ARIES - LEO - SAGITARIO

Símbolos

Una vela, color rojo, el triángulo que representa el fuego, quemar algo, piedras rojas, una manzana u otra fruta.

Acciones

Actuar con respecto a lo que se quiere lograr. Bailar. Pintar. Hacer una respiración de fuego. Vestirse de rojo.

Enfoque

El movimiento y la conquista. La expresión verbal o práctica.

Ideales para

Conquistar nuevas metas, expresarse más y mejor, encontrar el valor o la motivación.

RITUALES DE TIERRA
EVENTOS LUNARES EN
TAURO - VIRGO - CAPRICORNIO

Símbolos

Una piedra (la que sea), el triángulo de tierra, el símbolo del planeta Venus, arena, una semilla.

Acciones

Pintar el propio cuerpo, colocarse cintas de colores, vestirse de una forma particular, usar piedras o joyas.

Enfoque

El propio cuerpo, el propio espacio físico, las propias necesidades básicas.

Ideales para

Estabilidad económica, mejorar la salud, cuestiones relativas a la casa y al cuerpo.

RITUALES DE AIRE
EVENTOS LUNARES EN
GÉMINIS - LIBRA - ACUARIO

Símbolos
Una pluma, un incienso, un perfume, el triángulo de aire, el símbolo de Mercurio y Urano. Piedras blancas o cuarzos transparentes. Una hoja de una planta.

Acciones
Meditar, planear, escribir, investigar. Repetir mantras.

Enfoque
La propia mente, visualizar la meta.

Ideales para
Aprender, entender, enseñar, escribir, publicar, mejorar la propia comunicación.

RITUALES DE AGUA
EVENTOS LUNARES EN
CÁNCER - ESCORPIO - PISCIS

Símbolos
Una copa de agua, una flor, resinas como copal, una imagen de la Luna, el triángulo de agua, el símbolo del planeta Neptuno.

Acciones
Sentir lo que se desea. Imaginar que se ha logrado y observar las propias emociones.

Enfoque
El estado emocional, lo que se siente.

Ideales para
Relaciones sentimentales, sanar emociones complicadas, mejorar la intuición y la relación con uno mismo.

Usar los cuatro elementos en un ritual con un enfoque general como la gratitud, la abundancia o la salud también es buena idea. Te invito a que juegues a crear tus propios rituales de Luna, siguiendo tu intuición y disfrutando del proceso. Cuanto te centres y emoción pongas en ellos, mejor será el resultado y te volverás siempre más capaz de dirigir tu energía a un propósito y manifestarlo.

EL CICLO DE MANIFESTACIÓN

Trabajar con la Luna es una forma genial de transformar el subconsciente. Ellos hablan el mismo idioma.

La Luna nos dona cada año doce o trece oportunidades para iniciar ciclos de forma consciente. Comprender que cada cosa que nos proponemos tiene un ciclo de manifestación y trabajarlo con la Luna es sumamente poderoso. Es exactamente como cuando plantamos una semilla, el proceso no empieza en ese mo-

Ciclo de manifestación

Signo	ARIES	TAURO	GÉMINIS	CÁNCER	LEO	VIRGO
Elemento	FUEGO	TIERRA	AIRE	AGUA	FUEGO	TIERRA
Luna nueva - Inicia el ciclo	entre el 21 de marzo y el 20 de abril	entre el 21 de abril y el 21 de mayo	entre el 22 de mayo y el 21 de junio	entre el 22 de junio y el 22 de julio	entre el 23 de julio y el 23 de agosto	entre el 24 de agosto y el 23 de septiembre
Luna llena - Concluye el ciclo	entre el 24 de septiembre y el 23 de octubre	entre el 24 de octubre y el 22 de noviembre	entre el 23 de noviembre y el 21 de diciembre	entre el 22 de diciembre y el 20 de enero	entre el 21 de enero y el 18 de febrero	entre el 19 de febrero y el 20 de marzo

mento. Previamente hubo una idea, un deseo, de ver manifestada una flor y un fruto específicos. La idea y el deseo son el alfa y el omega de la manifestación. Todo lo que existe, antes de ser algo tangible, fue una idea y un deseo. En la naturaleza necesitamos la unión de lo femenino con lo masculino para crear la vida, pero todo tiene un lado femenino y masculino, así como todos tenemos ideas y deseos. Las ideas son solares y los deseos son lunares. Y su unión, como en el sínodo del novilunio, crea realidades y gesta la manifestación.

Esto puede explicar por qué solo las buenas ideas o los buenos deseos no son suficientes. Ellos preparan un terreno fértil y colocan la semilla. Pero existe un tercer componente que nutrirá las ideas y los deseos, y debe surgir para que la semilla pueda crecer y ser árbol: la acción perpetrada en el tiempo.

> Si tenemos idea, deseo y movimiento enfocados en la misma dirección, tenemos en nuestras manos el poder de manifestación. Pero si usamos estas tres cosas junto con el crecimiento del ciclo lunar, todo se simplifica y se acelera.

Lo que llamo «el ciclo de manifestación» se refiere al lapso de tiempo entre una luna nueva en un signo y la siguiente luna llena en el mismo signo zodiacal, aproximadamente 27 semanas o 191 días después. Trabajando con los ciclos lu-

LIBRA	ESCORPIO	SAGITARIO	CAPRICORNIO	ACUARIO	PISCIS	Signo
AIRE	AGUA	FUEGO	TIERRA	AIRE	AGUA	Elemento
entre el 24 de septiembre y el 23 de octubre	entre el 24 de octubre y el 22 de noviembre	entre el 23 de noviembre y el 21 de diciembre	entre el 22 de diciembre y el 20 de enero	entre el 21 de enero y el 18 de febrero	entre el 19 de febrero y el 20 de marzo	Luna nueva - Inicia el ciclo
entre el 21 de marzo y el 20 de abril	entre el 21 de abril y el 21 de mayo	entre el 22 de mayo y el 21 de junio	entre el 22 de junio y el 22 de julio	entre el 23 de julio y el 23 de agosto	entre el 24 de agosto y el 23 de septiembre	Luna llena - Concluye el ciclo

nares comprobé que solemos manifestar las ideas y deseos que surgen en una luna nueva en la siguiente luna llena en el mismo signo, 191 días después. Esto no quiere decir obviamente que toda manifestación sucede en seis meses y medio, pero hay un ritmo entre la fase de nuevas metas y deseos, a ver algo concreto, entre Luna y Luna en aproximadamente cada seis meses de manifestación. La mejor forma de explicarlo es la siguiente: imagina que te encuentras navegando en el mar y quieres ir de un punto A a un punto B. Puedes aprovechar el viento y la corriente a favor, o puedes navegar contra viento y marea. En ambos casos, puedes llegar, pero en el primero lo haces con mucho menos esfuerzo y de forma natural. Esa corriente a favor es el ciclo de manifestación lunar.

Para llevar un registro, puedes anotar tus deseos e intenciones (como en la lista de intenciones) y tomar nota también de lo que sucede en cada luna llena.

LA LUNA Y EL ÉXITO

«Los millonarios no usan la astrología. Los multimillonarios sí».

J. P. Morgan, banquero

Te quiero dejar algunos consejos simples para aplicar a tu vida profesional y a tus proyectos. La astrología electiva es un sistema complejo y detallado que nos indica los mejores momentos para llevar a cabo cada acción. Pero no es necesario saber astrología para aprovechar la Luna y tener éxito.

PON A LA PRUEBA ESTOS SIMPLES CONSEJOS:

- Usa la Luna en el zenit para anunciar las promociones, ventas, publicaciones, proyectos que quieres que se conozcan a gran escala.
- En las lunas nuevas y en eclipses solares, pacta acuerdos positivos.
- Usa los momentos propicios del ciclo (trinos y sextiles entre la Luna y el Sol) para reuniones importantes.
- Usa el cuarto menguante y el cuarto creciente para tomar decisiones que requieren claridad y objetividad.
- Usa el perigeo para anuncios importantes, lanzamientos o promociones.
- Las inauguraciones de nuevos negocios son mejores en el trino en creciente, o sea dos días después del cuarto creciente
- Las inversiones de dinero son siempre mejores en fase creciente.

LISTA DE INTENCIONES

Una lista de intenciones funciona como una lista de planeación y programación personal. Es una forma de aprovechar la energía de la luna nueva para prepararte y programarte para el éxito. Si te falta voluntad o necesitas más enfoque, una lista de intenciones puede ser de gran ayuda. Te permite también generar claridad acerca de tu proceso de creación.

QUÉ NECESITAS:

- Una hoja, un cuaderno o una agenda.
- Un bolígrafo.

CÓMO SE REALIZA:

- Las listas de intenciones se realizan entre el primer día de luna nueva y el cuarto creciente.

Puedes realizarla de noche o de día; los mejores momentos son cuando despiertas, antes de dormir o al mediodía.

Las intenciones decretadas en luna nueva tienden a manifestarse con la luna llena en el mismo signo zodiacal, que sucede seis meses y medio aproximadamente (191 o 192 días) después de la luna nueva. Este es el plazo natural del ciclo de manifestación lunar. Para incentivar la manifestación, puedes dividir tu lista en «Decretos» (qué quieres manifestar) y «Acciones» (qué harás para que suceda). Esto te permite generar un plan asertivo, no solo basado en deseos, también en acciones prácticas que llevar a cabo a lo largo del ciclo de manifestación.

La voluntad no se encuentra en nuestra mente consciente, si no todos los propósitos se volverían un hecho. La voluntad es asunto de la mente subconsciente y si somos capaces de decretar nuestras voluntades a ese nivel todo puede ser logrado. Con la lista de intenciones generas claridad acerca de lo que deseas al mismo tiempo que programas tu voluntad, disciplina y perseverancia.

ALGUNOS CONSEJOS PARA UNA LISTA DE INTENCIONES:

1 Siempre escribir en positivo, nunca en negativo. Se trata de escribir acerca de lo que sí quieres, sin mencionar lo que no quieres. Las frases van siempre en tiempo presente y evitando las negaciones.

2 Alinea tu intención con tu emoción. Para eso realiza un simple ejercicio: cierra los ojos durante tres minutos respirando y relajándote e imagina que ya tienes lo que deseas. Visualiza los detalles, que se lo cuentas a tus amigos, que lo disfrutas y lo agradeces. ¿Qué sensaciones y emociones sientes? Es importante separar si hay bloqueos o sensaciones negativas a la hora de sentir que ya sucedió. Si existen es necesario repetir el ejercicio hasta que te sientas de verdad feliz de manifestarlo. Recuerda que, si a nivel subconsciente existe un bloqueo o una emoción negativa, puede impedir que se manifieste. Haciendo este simple ejercicio, puedes descubrir si hay bloqueos y liberarlos. Usa los primeros minutos cuando despiertas o los últimos antes de dormir para potenciar este ejercicio y liberar bloqueos.

3 Menos es más. Si tienes una lista con treinta intenciones es difícil que las manifiestes todas. Tu energía y tiempo son limitados. Define tus prioridades.

4 Si no sabes qué deseas, tu propósito para la próxima luna nueva debería ser descubrirlo.

5 Es mejor dejar la lista de intenciones a la vista, por
   ejemplo, en el espejo del baño, en la nevera o en tu
   agenda, para que la veas a menudo. Una acción muy
   poderosa es mirar la lista lo primero cuando te
   despiertas y lo último cuando te vas a dormir.

Esto programa tu subconsciente a estar centrado en tus propósitos.

CONCLUSIONES

«¿De dónde saqué todas estas historias? Le pregunté a la Luna».

Raven Kaldera

Ojalá este libro haya contribuido a acercarte a la Luna y a la naturaleza divina de la que formas parte.

Mi intención nunca ha sido que aprendas, sino que prestes atención: posees una conexión con la Luna, el cielo y el universo en su totalidad, y es solo a través de esa conexión como puedes aprender de verdad. Ahí ya están todas tus respuestas y es la única fuente en la que deberías confiar ciegamente.

Reencontrarte en el cosmos, reconocerte como expresión única y necesaria de esta maravillosa creación, comprender tus ciclos naturales, puede darte la seguridad y la estabilidad que todos buscamos para poder expresar nuestro mayor potencial.

Vinimos a cambiar el mundo cambiando nuestro mundo. A aportar algo singular y extraordinario. Y es a través de ese aporte como nos encontramos, nos reconocemos y nos salvamos a nosotros mismos. Reescribimos nuestra historia ayudando a escribir la saga de la raza humana. No es poca cosa. Es una hazaña mítica de la que tú eres parte en la medida que lo permites.

La Luna no solo es el espejo del Sol, es el espejo de todos nosotros. Ojalá veas que el poder y la magia que posee son el reflejo de tu poder y tu magia.

Viniste a amarte para amar mejor; a iluminarte para iluminar lo que te rodea; a evolucionar, para impulsar al colectivo a hacerlo, permitiendo que esta sea una realidad siempre más amorosa y consciente.

Tu naturaleza divina conoce el camino. Síguelo y no te detengas.

Gracias infinitas por leerme.

Erica

NOTAS

1 https://casleo.conicet.gov.ar/la-luna-tiene-una-cola-parecida-a-la-de-un-cometa-todos-los-meses-lanza-un-rayo-alrededor-de-la-tierra/
2 *Cosmic Patterns*, J. H. Nelson.
3 https://www.theguardian.com/uk/2007/jun/05/ukcrime
4 *Body Time*, Gay Gaer Luce.
5 https://es.psychologyinstructor.com/el-neurocientifico-mark-filippi-dice-que-la-luna-afecta-las-emociones/
6 Trastorno de la personalidad que provoca altibajos emocionales, que van desde trastornos de depresión hasta episodios maníacos.
7 https://www.nature.com/articles/mp2016263
8 El calendario lunar más antiguo del que se tiene registro está datado en el año 8000 a. C. aunque existen objetos que resalen al Paleolítico que ya indican un registro de las fases lunares, aproximadamente 20.000 años antes de nuestra era.
9 Los planetas también tienen ciclos sinódicos, que se refieren a su revolución con respecto a su conjunción al Sol sobre la eclíptica o zodiaco.
10 En este libro me refiero a «ciclo lunar» siempre haciendo referencia al ciclo lunar sinódico. Cuando me refiero a otros ciclos de la Luna será especificado.
11 El descubridor de este ciclo de eclipses podría haber sido el astrónomo caldeo Beroso (350-270 a. C.). Así lo afirma Eusebio de Cesarea (275-339) en su libro *Crónica*, donde menciona por primera vez la palabra griega «σάρος» (saros). Aunque se sabe que ya los astrónomos caldeos conocían el ciclo de 18 años de los eclipses.
12 ¿Cuándo puede verse la Luna después de su fase nueva? En general, para poder ver la Luna, esta debe haberse separado al menos 10° del Sol, lo que le lleva a la Luna entre 17 y 21 horas después de la luna nueva.
13 En astronomía, la analema (del griego ἀνάλημμα «pedestal de un reloj de sol») es la curva que describe la posición del Sol en el cielo, con forma de 8 inclinado, si todos los días del año se lo observa a la misma hora del día y desde el mismo lugar. La Luna también dibuja una analema al cumplir un ciclo dracónico.
14 Las festividades celtas se celebran en las fechas invertidas en el hemisferio sur, ya que se refieren a las estaciones del año.
15 Estudios recientes realizados por el Instituto Federal de Tecnología de Lausana en Suiza demostraron que existe una variación en la producción de melatonina (hormona que regula el sueño) durante el ciclo lunar. Esta desciende considerablemente durante la luna llena.
16 https://www.sciencedirect.com/science/article/pii/S0960982213007549
17 «Luna negra» es también el nombre con el que se conoce a Lilith, el punto oscuro de la órbita lunar. Puedes leer acerca de Lilith en el capítulo de los colores de la Luna.
18 *Predicting weather by the moon*, Ken Ring.
19 https://www.nature.com/articles/mp2016263
20 La precesión de los equinoccios es el cambio lento y gradual en la orientación del eje de rotación de la Tierra, que hace que la posición que indica el eje de la Tierra en la esfera celeste se desplace alrededor del polo de la eclíptica, trazando un cono, de manera similar al bamboleo de un trompo o peonza. El ciclo se completa cada 25,776 años, periodo conocido como «año platónico».
21 Se conocen como «solsticios» estos dos poderosos momentos del año porque cuando el Sol llega a los 23° 26' pareciera pararse por tres días. El resto del año se estará moviendo lateralmente si miramos al este, 22' cada día. Por eso solsticio viene de «solsittere» que significa «sol que se sienta». También la Luna cuando llega a su declinación máxima se «detiene» brevemente.
22 Algunos afirman que la declinación actual es 23°28'.
23 https://www.eldiario.es/canariasahora/lapalmaahora/lapalmaopina/ritualizacion-lunasticio-menor-sur-antiguos_132_2649415.html
24 El hecho que te des lo que necesitas no quiere decir que debes prescindir de recibir de los demás: somos humanos y nos necesitamos. Darte lo que tu luna natal pide es la única forma de poder recibirlo, porque si no te lo das no lo puedes recibir de verdad, ya que será como un «lenguaje» desconocido para ti. Darte lo que necesitas es una forma de abrir las puertas a recibirlo también de los que te rodean.
25 Un fractal es una figura que se repite continuamente a diferentes escalas dentro de un modelo geométrico. Por ejemplo, los límites costeros, la estructura de una hoja, las células de la piel, etc.
26 Los días son aproximados.
27 https://www.ncbi.nlm.nih.gov/pmc/articles/PMC1126506/
28 No necesitas contar los minutos, es aproximado.

AGRADECIMIENTOS

Quiero agradecer con todo mi corazón a todas
aquellas mágicas y luminosas personas que me
leen diariamente en mis redes. Su apoyo y
el enorme cariño que me brindan constantemente
me llena de amor y gratitud. Este libro es para
ustedes y nace de ustedes.

A Anna Johanson por el apoyo constante y los
consejos valiosos para este libro. Su increíble
sabiduría, su generosidad y su alma luminosa son
grandes tesoros que tengo el honor de presenciar.

A mi grupo de trabajo, el Dream Team
de Lunalogía, que me apoya diariamente y me
da alas para seguir explorando el cosmos
recolectando información.

A Penguin Random House por esta oportunidad,
en especial a Sara Cano, mi editora.

Gracias infinitas.